本书系四川省社会科学规划项目（普及项目）"民法典与未成年人生活200问"结题成果（项目编号SC21KP002）

民法典与未成年人生活200问

徐 文·著

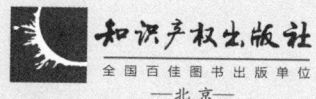

知识产权出版社
全国百佳图书出版单位
——北京——

图书在版编目（CIP）数据

民法典与未成年人生活 200 问 / 徐文著 . -- 北京：知识产权出版社, 2025. 9. -- ISBN 978-7-5130-9932-5

Ⅰ. D922.183.5

中国国家版本馆 CIP 数据核字第 20251LR659 号

责任编辑：韩婷婷　　　　　　责任校对：王　岩
封面设计：商　宓　　　　　　责任印制：刘译文

民法典与未成年人生活 200 问

徐　文　著

出版发行：知识产权出版社有限责任公司		网　　址：http://www.ipph.cn	
社　　址：北京市海淀区气象路 50 号院		邮　　编：100081	
责编电话：010-82000860 转 8359		责编邮箱：176245578@qq.com	
发行电话：010-82000860 转 8101/8102		发行传真：010-82000893/82005070/82000270	
印　　刷：天津嘉恒印务有限公司		经　　销：新华书店、各大网上书店及相关专业书店	
开　　本：720mm×1000mm　1/16		印　　张：17.5	
版　　次：2025 年 9 月第 1 版		印　　次：2025 年 9 月第 1 次印刷	
字　　数：265 千字		定　　价：99.00 元	
ISBN 978-7-5130-9932-5			

出版权专有　侵权必究
如有印装质量问题，本社负责调换。

序

本书为科普读物，意在通过深入浅出、图文并茂的方式普及《中华人民共和国民法典》（以下简称《民法典》）中与未成年人有关的法律常识。成果由四篇二十章构成，分别涵盖了未成年人校园生活、未成年人家庭生活、未成年人线上网络生活、未成年人线下社会生活中与未成年人有关的民事权利，与未成年人监护人有关的责任归属，与未成年人生活平台及教育机构有关的责任分配等内容。

一、篇章体系逻辑完整，是一部提供常识与技能的成长书

本书按照未成年人的成长特征与成长所需，按照校园生活篇、家庭生活篇、线上网络生活篇、线下社会生活篇的逻辑顺序进行撰写。其中：校园生活篇 50 问是基础，涵盖了大部分校园常见的受伤与伤害事件所涉法律常识；家庭生活篇 50 问是核心，涵盖了大部分未成年人与父母在家庭中可能遇到的与监护、继承、抚养等问题有关的法律常识；线上网络生活篇 50 问是特色，涵盖了大部分未成年人在线上可能遇到的与直播打赏、游戏平台、虚拟财产有关的法律常识；线下社会生活篇 50 问是延伸，涵盖了大部分未成年人在成长中可能遇到的与买卖、租赁、借贷、知识产权保护有关的法律常识。

校园生活篇 50 问聚焦"责任"这一关键词，以八周岁为分界线，普及了八周岁及以下未成年人与八周岁以上未成年人在校园受到伤害或伤害他人如何定

责、如何追责、如何救济的法律常识。其中：不仅回答了在未成年人受到伤害或伤害他人的时候，什么时候由学校承担责任、什么时候由监护人承担责任、什么时候由未成年人责任自负等社会大众聚焦的问题，也普及了未成年人面临在校园文体活动中受伤、在课间休息打闹中致残、因不合格教学设施受伤、在课外辅导期间受伤、在校寄宿期间被欺凌、在校园贷后债台高筑等法律纠纷时如何解决的常识。

家庭生活篇 50 问聚焦"权利"这一关键词，以未成年人在成长中可能遇到的较为常见的现象为例，普及了监护、离婚、继承、遗赠、收养过程中未成年人的权利类型与权利内容。其中：不仅普及了未成年人在父母抚养下作为被监护人所享有的权利，也普及了未成年人在父母离异、被他人收养等状况下作为被监护人所享有的权利；不仅普及了未成年人在接受继承与遗赠等情况下所享有的权利，也普及了未成年人在接受收养过程中所享有的权利；更涵盖了监护撤销、养子更名、父债子偿、抚养探望等常见的纠纷解决常识。

线上网络生活篇 50 问聚焦"保护"这一关键词，从未成年人常见的线上生活状态与生活轨迹出发，覆盖了与未成年人的网络隐私权保护、网络肖像权保护、网络财产权保护、个人信息保护有关的法律常识。不仅针对线上平台普及了在收集与处理未成年人个人信息时必须遵循的保护理念与保护原则，以及在未成年人获得、使用、处分虚拟财产过程中的保护规则与常见做法；也针对未成年人及监护人普及了在发布社交状态、个人信息采集、智能设备穿戴、出借他人网盘、智能监控使用、肖像信息上传等过程中如何识别侵权并自我保护的常识。

线下社会生活篇 50 问聚焦"救济"这一关键词，从未成年人与社会可能产生的联系出发，涵盖了与未成年人买卖物品、租赁借贷、接受医疗、创作作品、遭受性侵害后寻求救济有关的法律常识。不仅回答了未成年人的购物行为何时有效、借钱行为何时有效等常见问题，回答了如果无效应当如何寻求法律救济的问题；也回答了未成年人在购物、租赁、就诊、创作、成长过程中遭受侵害时应如何识别并处理的问题，并从生活实际出发，普及了与借钱、赊账、中奖、"打白条"、误诊、专利申请、动物伤人有关的法律常识。

二、章内结构环环相扣，是一部便于学习与检索的工具书

成果共四篇二十章，每章 10 问，每篇 50 问，共 200 问。其中，每一章均由基础十问、案例学习、知识自测、相关法条四个部分构成，每个部分之间环环相扣。"基础十问"作为知识基础，通过十个问题的回答，简要"打底"，遵循由易到难、由一般到具体的原则，针对每一章涉及的基础概念，进行深入浅出的讲解，使读者快速掌握具有普适性的理论常识。"案例学习"是知识拓展，是对"基础十问"部分的回应，通过对司法案例的精编、对社会事件的点评，使读者熟悉民法思维，能够在同类事件或案件发生的时候，精准找到能够适用的救济渠道。"知识自测"是知识检验，通过原创的单选题、多选题、判断题、配对题、排序题、简答题、辨析题等检验读者对所习得知识的理解程度，并在题目的难度上实现了基础关卡与挑战关卡的结合。"本章相关法条"是知识补充，列出了与该章所涉知识有关的《民法典》的法律条文，为读者在遇到相关或类似事件的时候提供检索便利。

"基础十问"部分的工具性体现在每章的"十问"既具体又具有时代特征，符合当前时代未成年人的法律保护需求，兼具检索性与可操作性，可在查阅后直接获得相关问题的答案。例如：在什么情况下学校需要对校园伤害承担法律责任？未成年人受到性侵害的法律救济方式有哪些？常见的校园欺凌有哪些？如果被他人冒用名义申请校园贷，怎么办？监护人的资格被剥夺后可以恢复吗？作为被收养人，未成年人与生父母是否还有法律关系？"父债子偿"的说法正确吗？未成年子女的抚养费确定后，可以临时增加吗？未成年人的个人信息被泄露怎么办？未成年人在购买网络虚拟财产时的"氪金"行为有效吗？未经未成年人同意转发其朋友圈里的照片，需要承担责任吗？是否在任何情况下都不能公开使用未成年人的肖像？

"案例学习"部分的工具性体现在每章的案例兼具典型性与针对性，通过对事件经过的简明描述、解决过程的简要评析,配以图文解析,帮助读者在学习案例之后举一反三,获取解决相似问题的办法。例如,教育机构场所坍塌事故、文体活动突发意外猝死、课间嬉戏打闹致伤、推搡中牙齿跌落损伤、校园欺凌中的自卫反击争议、冒用他人身份借贷纠纷、未成年人直播打赏退款诉求、胎儿继承权法律认定、父母离婚后的子女更名争议、未成年人离家出走与阻父再婚事件、祖传玉佩擅自赠与纠纷、微信账号公开出售侵权、智能手表偷偷监控隐私侵权、游戏装备被盗维权、游戏代练封号赔偿纠纷、教培机构违规采集个人信息、宝妈晒娃引发隐私泄露、恶意 P 图制作表情包侵权、白条支付导致债务纠纷、未成年人遭侵害成年后追责、监护人懈怠履职被撤销资格、商场滑倒致残赔偿、舞蹈训练意外瘫痪事故、校园性骚扰事件、医院误诊致人损害等。

三、受众清晰明确,是一部兼顾学理与实践的科普书

首先,本书的受众具有四重性,并且受众群体之间具有内在关联。以未成年人为中心,辐射至与未成年人成长、生活相关的群体。第一层受众是未成年人。本书通过对《民法典》中权利类型的普及,使幼儿园、小学、中学等教育机构的未成年人具有维护自己合法权益与防止权利受侵害的法律意识。第二层受众是未成年人的监护人。本书通过对《民法典》中权利救济的普及,使监护人群体掌握在家庭生活与社会生活中维护被监护人合法权益的方式与途径。第三层受众是未成年人教育机构与教育者。本书通过对《民法典》中责任体系的普及,使教育机构与教育者切实了解在教育教学过程中应当承担的保护未成年人的职责。第四层受众是经营关涉未成年人业务的网络平台。本书通过对《民法典》中未成年人互联网权利内容的普及,使网络平台切实了解在业务经营过程中应当承担的保护未成年人民事权利的责任。

其次,本书的价值具有三重性,兼具学理价值、实践价值、科普价值。其一,就本书的学理价值而言:既区分了未成年人的年龄段,纵向普及了未成年人在成长过程中拥有的各项民事权利,以及在权利行使过程中监护人、教育机构、网络

平台、其他主体需要注意的事项；也区分了未成年人的活动领域，横向普及了未成年人在校园生活、家庭生活、线上网络生活、线下社会生活中享有的权利类型、权利内容、责任分配、救济方式等常识。其二，就本书的实践价值而言：既为青少年校园法治教育提供了专业的《民法典》图文读本，普及了未成年人的人格权、身份权、财产权、个人信息相关权利内容，为未成年人提供了如何从法律上进行自我保护的常识；也为未成年人的监护人、未成年人教育机构、开展关涉未成年人业务的网络平台提供了学习指南，使前述群体能够主动履行保护未成年人合法民事权益的义务与责任。其三，就本书的科普价值而言：既具有鲜明的时代特征，回应了大数据与人工智能时代民众对于权利保障的需求，普及了《民法典》中与未成年人权利有关的法律知识，能够为新时代未成年人追求美好生活保驾护航；又具有社科读物的普及性，通过"设问—回答—解析"的方式，以图文并茂、深入浅出的方式普及了我国第一部以法典命名的法律，有利于提升本书受众的思想道德素质和人文科学素养，更体现了《民法典》固根本、稳预期、利长远的时代价值与时代意义。

最后，我想简要记录自己在写作过程中的一些心路。本书是四川省哲学社会科学普及规划项目的结题成果，当初以《未成年人的民事权利保护》为题申报，是因为我在为一篇学术论文的写作收集资料的过程中，看到了太多未成年人合法权益被侵害的社会事件，看到了太多未成年人因为不知法而伤害自己、伤害他人的新闻，也看到了不少未成年人的监护人因为不懂法而在被监护人受到他人侵害时心痛万分却又手足无措的情形。因此，我想写作一本科普小书，能够使未成年人读完之后知晓自己有哪些受法律保护的权利，能够使未成年人的监护人读完之后知晓自己有哪些依法应履行的义务，能够使与未成年人接触较多的机构、平台读完之后知晓自己有哪些法律规定的责任。

在写作的过程中，我常常凝视女儿的眼睛。她有一双明亮、清澈、纯真的眼睛，透过她的眼睛，我看到的不仅是她，更是千千万万个法律关切的未成年人。他们理应知晓自己的权利，理应通过知识的获取进行自我保护。在我看来，未成年人之所以应当受到保护，是因为这个群体在身心机能上尚待成长，在社会阅历上尚待积累，在人间冷暖上尚处懵懂。因此，从民法的视角来说，保护未成年人的实质是保护可能性。这种可能性是从身份上保护他们顺利成长的可能性，是从财产权上保护他们理性成长的可能性，是从人格权上保护他们健康成长的可能性。一个良善、理性、和谐的社会应当将未成年人的权利保护置于前序，保护未成年人就是保护成年人自己，保护未成年人的成长就是保护社会的发展与国家的繁荣。

此外，我想对在本书写作过程中作出贡献的同学们表示感谢。他们是：李思奇、汤启凤、胡昕怡、邓焮允、李正权、郭玥含、赵珊珊、刘怡、王嘉胤。感谢以上同学在本书的资料收集、案例收集、图表制作中所付出的辛劳与努力，本书的顺利完稿离不开他们的点滴付出。希望这本书能够成为小朋友的枕边书，希望这本书能够成为监护人的案头书，希望这本书能够走到需要它的人们身边。

篇一　民法典与未成年人校园生活 50 问

第一章
不满八周岁的未成年人在校园受到伤害怎么办？

一、基础十问

第一问：不满八周岁的未成年人在《民法典》中的法律地位是什么？　002

第二问：不满八周岁的未成年人做的哪些行为有效？　002

第三问：什么是伤害？　003

第四问：什么是校园伤害？　003

第五问：在什么情况下学校需要对校园伤害承担法律责任？　004

第六问：在什么情况下监护人需要对校园伤害承担法律责任？　005

第七问：在什么情况下教育者需要对校园伤害承担法律责任？　005

第八问：在什么情况下第三人需要对校园伤害承担法律责任？　005

第九问：在校园内发生意外事件，法律责任由谁承担？　006

第十问：不满八周岁的未成年人参加校园文体活动是否适用自甘风险规则？　006

二、案例学习

（一）打闹受伤：放学后打闹所致的伤害，责任由谁承担？　007

（二）有人行凶：社会人员进入校园行凶造成伤亡，责任由谁承担？　008

（三）场所坍塌：学校体育馆突然坍塌，导致未成年人受伤，责任由谁承担？　008

（四）运动猝死：特殊体质学生在校运动猝死，责任由谁承担？　009

（五）校园体训：小学生在校园篮球训练中受伤，责任由谁承担？　010

三、知识自测

（一）选择题　011

篇一　民法典与未成年人校园生活 50 问

　　（二）问答题　011
　　（三）问答题　012
　　（四）思考题　012

四、本章相关法条

🚩 第二章
八周岁以上的未成年人在校园受到伤害怎么办？

一、基础十问

第一问：八周岁以上的未成年人在《民法典》中的法律地位是什么？　014

第二问：八周岁以上的未成年人做的哪些行为有效？　014

第三问：八周岁以上的未成年人在校园生活中易受伤害的场景有哪些？　015

第四问：八周岁以上的未成年人受到伤害后，可基于什么归责原则请求行为人承担责任？　015

第五问：八周岁以上的未成年人受到伤害后，可请求侵权行为人承担哪些侵权责任？　016

第六问：八周岁以上的未成年人参加校园文体活动是否适用自甘风险规则？　016

第七问：未成年人遭受性侵害的法律救济方式有哪些？　017

第八问：在什么情况下发生校园伤害，学校需要承担侵权责任？　017

第九问：在什么情况下发生校园伤害，监护人需要承担侵权责任？　018

第十问：在什么情况下发生校园伤害，教育者需要承担侵权责任？　018

二、案例学习

　　（一）问题跑道：学生因校内设施质量问题受到伤害，责任由谁承担？　018

　　（二）课间受伤：学生在课间休息时发生争斗，造成损害，责任由谁承担？　019

　　（三）意外伤残：校园伤害发生之后，意外事件导致损害扩大，责任由谁承担？　020

三、知识自测
　　（一）不定项选择题　021
　　（二）判断题　022
　　（三）思考题　022

四、本章相关法条

第三章
未成年人在校园伤害他人怎么办？

一、基础十问
　　第一问：面对伤害事件，怎样明确责任？　024
　　第二问：常见的承担责任的方式有哪些？　024
　　第三问：责任明确之后由谁承担？　025
　　第四问：什么是监护人？　025
　　第五问：监护的类别有哪些？　025
　　第六问：监护人的职责有哪些？　026
　　第七问：监护人应如何防范校园伤害行为？　026
　　第八问：教育机构应如何防范校园伤害行为？　027
　　第九问：未成年人教唆他人实施侵权行为是否应承担责任？　027
　　第十问：未成年人共同实施侵权行为时，应如何明确责任分配？　027

| 篇一 | 民法典与未成年人校园生活 50 问 |

二、案例学习

（一）上课受伤：体育课上意外受伤，责任由谁承担？　028

（二）嬉戏致残：课间嬉戏受伤，责任由谁承担？　029

（三）牙齿脱落：跑步途中发生意外，牙齿被撞脱落，可否自由约定责任分担？　029

（四）文具致伤：课间休息时小学生用文具打闹发生意外伤害，责任由谁承担？　030

（五）课外辅导：高中生在课外辅导班学习的过程中发生伤害，责任由谁承担？　031

（六）教唆暴力：在学校教唆他人实施校园暴力，造成他人损害，责任由谁承担？　32

三、知识自测

（一）思考题　033

（二）判断题　034

四、本章相关法条

第四章
未成年人遭受校园欺凌怎么办？

一、基础十问

第一问：什么是校园欺凌？　035

第二问：常见的校园欺凌有哪些？　035

第三问：校园欺凌通常会涉及哪些主体？　036

第四问：校园欺凌是对哪些民事权利的侵害？　036

第五问：欺凌者应承担哪些民事责任？　036

第六问：被欺凌者享有哪些权利？　037

第七问：未成年人遭受校园欺凌如何寻求救济？　037

第八问：发生校园欺凌事件的教育机构是否应当承担责任？　037

第九问：教育机构应如何防范校园欺凌事件的发生？　038

第十问：监护人应如何防范校园欺凌事件的发生？　038

二、案例学习

（一）住校患病：住校期间与室友矛盾丛生患抑郁症，所受损害由谁赔偿？　039

（二）欺凌定责：校园欺凌者可否以"尚未成年"为由逃脱法律的制裁？　040

（三）自卫致损：被欺凌者若因自卫反击造成他人损害，是否需要承担责任？　041

（四）绝望身亡：被欺凌者绝望身亡，责任应当由谁承担？　042

（五）团体欺凌：宿舍内多次发生校园欺凌事件，责任由谁承担？　042

三、知识自测

（一）问答题　043

（二）辨析题　044

四、本章相关法条

第五章
未成年人进行校园贷怎么办？

一、基础十问

第一问：什么是校园贷？　045

篇一　民法典与未成年人校园生活 50 问

　　第二问：未成年人的校园贷有法律效力吗？　　045
　　第三问：校园贷中涉及哪些法律关系？　　046
　　第四问：不良校园贷中容易涉及对哪些民事权利的侵害？　　046
　　第五问：校园贷是否需要如约偿还？　　046
　　第六问：未成年人应如何识别不良校园贷？　　047
　　第七问：在不良校园贷的过程中，如果发生暴力催债，如何维权？　　047
　　第八问：在不良校园贷的过程中，如果发生私密信息的传播，如何维权？　　047
　　第九问：不良校园贷发生后，教育机构应承担什么责任？　　048
　　第十问：如果被他人冒用名义申请校园贷，怎么办？　　048

二、案例学习

　　（一）校园贷的偿还：初中生借了校园贷，监护人可以拒绝代为偿还吗？　　048
　　（二）校园贷的担保：私密照片可以用于"担保"校园贷吗？　　049
　　（三）假冒他人借贷：初中生冒用他人名义进行校园借贷，怎么办？　　050

三、知识自测

　　（一）思考题　　051
　　（二）问答题　　051
　　（三）判断题　　052

四、本章相关法条

篇二 民法典与未成年人家庭生活50问

第六章
监护关系中未成年人的权利保护

一、基础十问

第一问：未成年人作为被监护人享有哪些财产权利？　054

第二问：未成年人作为被监护人享有哪些人身权利？　054

第三问：监护人可以处分未成年人的财产吗？　055

第四问：监护人可以替未成年人追究他人的法律责任吗？　055

第五问：监护权是一项权利吗？　055

第六问：未成年人的法定监护人由谁担任？　056

第七问：未成年人的父母可以委托他人监护吗？　056

第八问：监护人的资格可以被剥夺吗？　057

第九问：监护人的资格被剥夺后可以恢复吗？　057

第十问：未成年人如何面对来自监护人的侵害？　058

二、案例学习

（一）铅笔伤眼：未成年人在幼儿园打闹被戳伤眼睛，责任由谁承担？　058

（二）学生文身：为未成年人文身，需要承担侵权责任吗？　059

（三）直播打赏：小学生看游戏解说直播打赏，父母能要求平台返还款项吗？　060

（四）监护撤销：父亲被撤销监护资格后，可以申请恢复监护资格吗？　061

（五）购买手机：小学生可以用压岁钱买手机吗？　062

（六）房产更名：未经未成年人同意，处分未成年人财产，一律无效吗？　062

篇二　民法典与未成年人家庭生活 50 问

　　（七）半买半送：带有赠与性质的买卖合同，未成年人可以实施吗？　063

三、知识自测

　　（一）思考题　064

　　（二）判断题　065

　　（三）选择题　065

四、本章相关法条

第七章
收养关系中的未成年人权利保护

一、基础十问

　　第一问：什么情况下未成年人可以被他人收养？　067

　　第二问：什么情况下未成年人可以被福利机构收养？　067

　　第三问：收养人需要满足哪些条件？　068

　　第四问：收养的程序有哪些？　068

　　第五问：收养人有哪些职责？　069

　　第六问：收养机构有哪些职责？　069

　　第七问：作为被收养人，未成年人享有哪些权利？　070

　　第八问：作为被收养人，未成年人与生父母是否还有法律关系？　070

　　第九问：收养关系在什么情况下会终止？　070

　　第十问：收养关系终止之后有哪些法律后果？　071

二、案例学习

　　（一）变相拐卖：有偿"送养"和有偿"收养"，合法吗？　071

（二）懈怠养育：收养人不作为，被收养人可以起诉吗？　072

（三）合法继承：养子女对养父母的财产享有继承资格吗？　073

（四）丧失资格：养子女对生父母的财产享有继承资格吗？　073

（五）养子更名：未成年人被收养后可以更改姓氏吗？　074

（六）亲戚收养：母亲再婚后，未成年人可以被姨妈收养吗？　075

（七）福利机构：儿童福利机构可以收养孤儿吗？　076

（八）收养手续：依法收养的手续有哪些？　076

（九）家庭虐待：未成年人被收养后被虐待，送养人可以要求解除收养关系吗？　077

（十）解除收养：未成年人经收养人养育成年后，可以要求解除收养关系吗？　078

三、知识自测

（一）简答题　079

（二）辨析题　079

（三）判断题　080

四、本章相关法条

第八章

继承关系中的未成年人权利保护

一、基础十问

第一问：未成年人有继承权吗？　081

第二问：未成年人在什么情况下可以继承他人财产？　081

第三问：未成年人在什么情况下会丧失继承权？　082

篇二　民法典与未成年人家庭生活50问

第四问：未成年人在什么情况下可以恢复继承权？　083

第五问：未成年人怎样行使继承权？　083

第六问：未成年人可以继承哪些财产？　084

第七问："父债子偿"的说法正确吗？　084

第八问：未成年人是否可以代位继承？　084

第九问：未成年人可以继承股权吗？　085

第十问：监护人可以替未成年人作决定，放弃继承权吗？　085

二、案例学习

（一）哥哥侵占份额：被他人侵占的继承份额，可以要回来吗？　086

（二）继母侵占份额：父亲离世后，继母可以侵占未成年人的继承份额吗？　086

（三）杀害被继承人：故意杀害被继承人与其他继承人的未成年人，还享有继承权吗？　087

（四）多人共有遗产：未成年人可以与他人共同拥有遗产吗？　087

（五）参与"双重继承"：已经通过遗嘱继承获得财产，还可以参加法定继承吗？　088

（六）父债是否子偿：父亲死亡后，未成年人应当偿还父亲所欠债务吗？　089

（七）代人放弃继承：未成年人的母亲可以代其放弃继承份额吗？　089

（八）股权可否继承：父亲死亡后，女儿可以继承股权吗？　090

三、知识自测

（一）选择题　091

（二）思考题　091

（三）判断题　092

四、本章相关法条

第九章
离婚过程中未成年人的权利保护

一、基础十问

第一问：父母离婚对于未成年人影响大吗？　093

第二问：在父母离婚的过程中，未成年人的意见有法律效力吗？　093

第三问：父母可以离婚为由拒绝抚养未成年人吗？　094

第四问：在针对未成年人抚养权的协商中，应当遵循什么原则？　094

第五问：未成年子女的抚养费确定后，可以临时增加吗？　094

第六问：未享有抚养权一方是否有权探望？　095

第七问：探望权可以被中止吗？　095

第八问：父母离婚会涉及未成年人的财产权益吗？　096

第九问：父母离婚后，未成年人和父母的法律关系会发生变化吗？　096

第十问：父母离婚后，未成年人可以变更姓名吗？　096

二、案例学习

（一）抚养权推诿：夫妻双方只想离婚，均不愿抚养未成年人，怎么办？　096

（二）抚养权争夺：父母离婚后，双胞胎姐妹的抚养权由谁定？　097

（三）额外抚养费：未成年人意外受伤，可以在抚养费之外请求支付额外费用吗？　098

（四）探望权行使：离婚后，一方拒绝另一方探望未成年人，怎么办？　099

（五）抚养方更名：离婚后，抚养方可以给未成年人更改姓名吗？　099

（六）抚养权变更：未成年人的抚养权确定后，还可以变更吗？　100

篇二 民法典与未成年人家庭生活 50 问

　　（七）阻止父母再婚：父母离婚后，未成年人可以"离家出走"阻止一方再婚吗？　101

　　（八）窃取抚养基金：抚养一方可以擅自处分未成年人的财产吗？　102

　　（九）请求看护补偿：分居期间一方独自照顾孩子，离婚时可以请求补偿相关费用吗？　102

三、知识自测

　　（一）判断题　103

　　（二）辨析题　104

　　（三）简答题　104

四、本章相关法条

第十章
遗赠中未成年人的权利保护

一、基础十问

　　第一问：什么是遗赠？　106

　　第二问：哪些财产可以遗赠给未成年人？　106

　　第三问：胎儿有权接受遗赠吗？　107

　　第四问：未成年人有权被遗赠吗？　107

　　第五问：未成年人有权遗赠他人吗？　107

　　第六问：监护人可以替未成年人作出放弃接受遗赠的决定吗？　108

　　第七问：未成年人接受或者拒绝接受遗赠的时间怎样计算？　108

　　第八问：未成年人怎样才能取得受遗赠的财产？　109

　　第九问：未成年人与遗赠行为人之间是什么法律关系？　　109

　　第十问：未成年人可以接受附义务的遗赠吗？　　110

二、案例学习

　　（一）公益遗赠：未成年人可以将财产遗赠给居委会吗？　　110

　　（二）迟到表示：未成年人的监护人未及时作出接受遗赠的意思表示，
　　　　怎么办？　　111

　　（三）意思推定：未成年人可以通过行为表示接受他人遗赠吗？　　112

　　（四）请求交付：未成年人可以根据遗赠扶养协议请求交付相关财产吗？　　113

　　（五）对抗遗嘱：未成年人可以依据法定继承人的身份对抗遗嘱吗？　　113

　　（六）对抗遗赠扶养：未成年人可以依据遗嘱继承人的身份对抗遗赠
　　　　扶养协议吗？　　114

　　（七）效力判断：受赠人死亡，赠与人尚存于世，遗赠有效吗？　　115

　　（八）遗赠条件：未成年人需要支付一定费用才可以获得被遗赠的财产吗？　　115

　　（九）玉佩归属：祖传玉佩应归谁所有？　　116

三、知识自测

　　（一）问答题　　117

　　（二）选择题　　118

四、本章相关法条

篇 三　民法典与未成年人线上网络生活50问

第十一章
未成年人个人信息相关权利的保护

一、基础十问

第一问：什么是个人信息？　　122

第二问：哪些属于未成年人的个人信息？　　122

第三问：为什么要特别保护未成年人的个人信息？　　123

第四问：与未成年人个人信息相关的权利有哪些？　　124

第五问：未成年人的个人信息可以用于交易吗？　　125

第六问：未成年人的个人信息被泄露怎么办？　　125

第七问：未成年人可以独立授权他人采集自己的个人信息吗？　　125

第八问：平台处理未成年人的个人信息应遵循什么原则？　　126

第九问：平台是否有权对未成年人的个人信息进行二次利用？　　126

第十问：是否必须取得个人同意才可处理个人信息？　　126

二、案例学习

（一）学信码被盗：学信码属于个人信息吗？　　127

（二）病历被泄露：病历属于个人信息吗？　　128

（三）算法推送：短视频App可以收集儿童的个人信息吗？　　128

（四）买卖信息：未成年人的个人信息可以被出售吗？　　129

（五）网红售号：有大量粉丝的未成年人可以出售微信账号吗？　　130

（六）文书公开：未成年人的个人信息可以被判决书披露吗？　　130

（七）过度采集：课外辅导班可以自由收集未成年人的个人信息吗？　　131

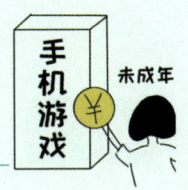

　　（八）信息拼凑："晒娃"也会暴露未成年人的个人信息吗？　132

　　（九）智能穿戴：儿童智能电话手表会窃取未成年人的个人信息吗？　133

　　（十）意外落榜：未成年人发现个人信息录入有误时，可以请求更正吗？　133

三、知识自测

　　（一）多选题　134

　　（二）单选题　134

四、本章相关法条

第十二章

未成年人的网络虚拟财产的权利保护

一、基础十问

　　第一问：什么是网络虚拟财产？　136

　　第二问：网络虚拟财产的常见类型有哪些？　136

　　第三问：网络虚拟财产可以发生继承或赠与他人吗？　137

　　第四问：网络虚拟财产受《民法典》保护吗？　137

　　第五问：未成年人在购买网络虚拟财产时的"氪金"行为有效吗？　137

　　第六问：未成年人的游戏账号被盗后，平台是否应该承担民事责任？　138

　　第七问：未成年人可以出售网络虚拟财产吗？　138

　　第八问：未成年人侵害他人虚拟财产需要承担民事责任吗？　139

　　第九问：未成年人有权参与微信公众号中的收益分配吗？　139

　　第十问：未成年人购买虚拟礼物后，对网络主播的打赏有效吗？　139

篇三　民法典与未成年人线上网络生活 50 问

二、案例学习

（一）继承账号：未成年人可以继承父亲的游戏账号吗？　140

（二）网购账号：未成年人可以大量购买他人的游戏账号吗？　140

（三）装备被盗：未成年人的游戏账号被他人盗取装备，运营方需要担责吗？　141

（四）代练封号：未成年人代练游戏账号期间因作弊被封号，需要担责吗？　142

（五）共享打赏：未成年人可与他人合作运营微信公众号并参与收益分配吗？　143

（六）打赏退款：对于未成年人已支付的直播打赏，监护人可以追回钱款吗？　144

（七）代购诈骗：微信钱包里的财产是虚拟财产吗？　144

（八）互赠虚拟财产：小学生可以互赠游戏里的虚拟物品吗？　145

（九）擅铸 NFT：未成年人的画作可以被他人擅自铸造成 NFT 作品售卖吗？　145

三、知识自测

（一）单选题　146

（二）单选题　147

（三）思考题　148

四、本章相关法条

第十三章
未成年人的健康数据权利保护

一、基础十问

第一问：什么是健康数据？　149

第二问：常见的未成年人健康数据有哪些？　149

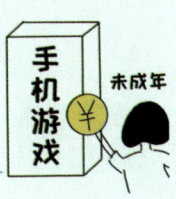

第三问：与未成年人健康数据相关的民事权利有哪些？　150

第四问：未成年人是否有权同意他人处理其健康数据？　150

第五问：监护人有权处理未成年人的健康数据吗？　150

第六问：平台收集未成年人的健康数据应遵循哪些原则？　151

第七问：医疗机构有权径直处理未成年人的健康数据吗？　151

第八问：医疗机构擅自公布未成年人的就诊数据合法吗？　151

第九问：教育机构擅自公布未成年人的健康数据合法吗？　152

第十问：在什么情况下可以不经未成年人同意处理其健康数据？　152

二、案例学习

（一）就诊直播：医疗机构可以将未成年人的就诊过程进行录制并发布吗？　152

（二）私拍病患：童星就诊，医务人员可以将其健康数据分享给他人吗？　153

（三）赚钱 App：宣称"走路就可以赚钱"的 App，靠谱吗？　154

（四）病情曝光：班主任可以擅自公布未成年人心理抑郁的信息吗？　154

（五）信息甩卖：医疗机构可以将未成年人的住院信息"分享"给他人吗？　155

（六）数据错误：未成年人的体检数据不准确，影响大吗？　156

（七）运动 App：健康分析结果需要收集不必要的数据吗？　156

（八）体温采集：未经本人同意，可以采集未成年人的体温数据吗？　157

（九）视力数据：培训机构可以收集未成年人的健康数据吗？　158

三、知识自测

（一）单选题　158

（二）多选题　159

（三）思考题　160

四、本章相关法条

篇 三　民法典与未成年人线上网络生活 50 问

第十四章
未成年人的网络隐私权利保护

一、基础十问

第一问：什么是未成年人的网络隐私权？　161

第二问：如何识别对未成年人网络隐私权的侵害？　161

第三问：网络隐私权利与线下隐私权利有什么不同？　162

第四问：未成年人网盘中的私人照片属于网络隐私权的保护范围吗？　162

第五问：在微信群或 QQ 群中披露未成年人隐私，需要承担责任吗？　163

第六问：偷拍未成年人照片并发布的行为，需要承担责任吗？　163

第七问：未经未成年人同意转发其朋友圈里的照片，需要承担责任吗？　163

第八问：为了保护未成年人披露其部分隐私信息，需要承担责任吗？　163

第九问：对于传播未成年人隐私的行为，网络平台需要承担责任吗？　164

第十问：未成年人自行上传的隐私信息，平台可以自行处理吗？　164

二、案例学习

（一）出借网盘：出借网盘账号等同于授权他人下载网盘内的隐私信息吗？　164

（二）分手暴击：分手后，可以将对方的私密信息发布在微信群中吗？　165

（三）平台责任：网络平台转载涉及侵害未成年人隐私权的文章，需要承担责任吗？　166

（四）瘦身照片：他人发布在朋友圈的个人照片，观者可以随意转发吗？　167

（五）人肉搜索：未成年人发布 Vlog 时泄露了隐私信息，被大肆传播，怎么办？　168

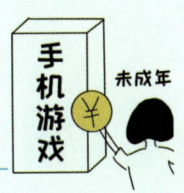

（六）宝宝隐私：平台可以擅自处理"宝妈"上传的含有宝宝隐私信息的视频吗？ 168

（七）搜题软件：未成年人在 App 内点击"同意"时，需要注意什么？ 169

（八）监控被黑：监控 App 被入侵，责任应由谁承担？ 170

三、知识自测

（一）选择题 170

（二）选择题 171

（三）选择题 172

四、本章相关法条

第十五章
未成年人的网络肖像权利保护

一、基础十问

第一问：什么是肖像权？ 174

第二问：婴儿享有网络肖像权吗？ 174

第三问：常见的侵害未成年人肖像权的网络侵权行为有哪些？ 175

第四问：将未成年人的照片加工为表情包后使用，需要承担责任吗？ 175

第五问：在未成年人的照片上乱涂乱画，需要承担民事责任吗？ 175

第六问：侵害未成年人肖像权的行为人可能会承担哪些民事责任？ 176

第七问：未成年人可以将自己的网络肖像权转让给他人吗？ 176

第八问：未成年人可以许可他人使用自己的网络肖像权吗？ 176

第九问：在网络直播过程中使用未成年人的肖像，合法吗？ 177

篇三　民法典与未成年人线上网络生活 50 问

　　第十问：是否在任何情况下都不能公开使用未成年人的肖像？　　177

二、案例学习

　　（一）借名谋利：培训机构未经许可使用未成年人的照片招揽业务，
　　　　　合法吗？　177

　　（二）借名引流：Plog 上的照片被他人截取并非法使用，怎么办？　178

　　（三）偷拍他人：未经未成年人同意的"街拍"，合法吗？　179

　　（四）恶意 P 图：可以将同学发布在朋友圈的照片制作成表情包吗？　180

　　（五）直播美发：理发师直播理发过程，需要征求顾客同意吗？　180

　　（六）公布肖像：公安机关制作的通缉令会构成对他人肖像权的侵害吗？　181

　　（七）发帖寻人：偷拍他人照片发布到网络上进行赞美式捞人的行为
　　　　　合法吗？　181

　　（八）场景记录：新闻报道的画面中出现未成年人的肖像，合法吗？　182

　　（九）擅制肖像：幼儿园活动中，摄影公司擅自将小朋友照片印制成台
　　　　　历，合法吗？　183

三、知识自测

　　（一）选择题　　184

　　（二）选择题　　184

　　（三）选择题　　185

四、本章相关法条

篇四　民法典与未成年人线下社会生活50问

第十六章
未成年人买卖物品相关权利的保护

一、基础十问

第一问：未成年人的市场交易行为是否有效？　188

第二问：七周岁的未成年人购买首饰的行为是否有效？　188

第三问：七周岁的未成年人将自己喜爱的物品赠与他人的行为是否有效？　189

第四问：十一周岁的未成年人购买 iPhone15 的行为是否有效？　189

第五问：十七周岁的未成年人购买价值12万元汽车的行为是否有效？　189

第六问：十七周岁的未成年人购买珠宝首饰的行为是否有效？　189

第七问：十七周岁的未成年人是否可以用兼职所得购买生活用品？　190

第八问：十七周岁的未成年人处分不动产的行为是否有效？　190

第九问：未成年人过年获得的"压岁钱"应归谁所有？　190

第十问：未成年人父母以未成年人名义购置的不动产归谁所有？　190

二、案例学习

（一）购买烤肠：小学生买烤肠吃的行为有法律效力吗？　191

（二）购买文具：小学生购买文具的行为有法律效力吗？　191

（三）玩具大户：小学生先后花费千元购买玩具，其行为有效吗？　192

（四）高档消费：未成年人购买高档物品的行为是否一律无效？　193

（五）出售金饰：未成年人可以做主将自己的物品卖给他人吗？　193

（六）为子购房：父母购房可以登记在孩子名下吗？　194

（七）偶中大奖：未成年人免费抽奖后，中奖有效吗？　194

篇四　民法典与未成年人线下社会生活50问

（八）微信赊账：未成年人在文具店"赊账"的行为有效吗？　195

（九）明星童模：未成年人做平面模特所获收益，可以由自己支配吗？　195

（十）名酒抛售：未成年人可以独立营业，将名酒低价售给他人吗？　196

三、知识自测

（一）配对题　197

（二）简答题　197

（三）选择题　198

（四）判断题　199

四、本章相关法条

第十七章
未成年人租赁、借贷相关权利的保护

一、基础十问

第一问：七周岁的未成年人向他人借钱的行为有效吗？　200

第二问：十七周岁的未成年人向他人借钱的行为有效吗？　200

第三问：监护人将未成年人作为借贷担保人的行为有效吗？　200

第四问：未成年人可以通过"打白条"的方式进行网络消费吗？　201

第五问：十七周岁的打工人在自食其力情况下的租房行为有效吗？　201

第六问：十七周岁的在校生能独自签订租房合同吗？　201

第七问：七周岁的未成年人可以使用共享单车吗？　201

第八问：十七周岁的未成年人在自食其力情况下的租车行为有效吗？　202

第九问：监护人有权出租未成年人的闲置财产吗？　202

　　　　第十问：监护人在租赁过程中侵害未成年人的财产怎么办？　202

二、案例学习
　　（一）借钱买宠：小学生可以借钱买小狗吗？　203
　　（二）无效担保：父母需要融资，可以用孩子的财产设定担保吗？　203
　　（三）白条购物：未成年人可以开通白条支付吗？　204
　　（四）租房自立：自食其力的未成年人，可以独立租房吗？　204
　　（五）成长基金：未成年人的父母可以出租未成年人的财产吗？　205
　　（六）擅自谋利：未成年人的监护人可以自由处分未成年人的财产吗？　205
　　（七）丢失单车：未成年能作为免责事由吗？　206
　　（八）向子借钱：父母可以向未成年人借钱周转吗？　206

三、知识自测
　　（一）判断题　207
　　（二）选择题　207
　　（三）选择题　208

四、本章相关法条

第十八章
未成年人接受医疗的相关权利保护

一、基础十问
　　第一问：未成年人接受医疗过程中会涉及哪些民事权利？　210
　　第二问：未成年人可以就胎儿期间所受伤害寻求救济吗？　210
　　第三问：未成年人接受医疗过程中的知情权如何保障？　210

篇四　民法典与未成年人线下社会生活 50 问

第四问：未成年人接受医疗过程中的同意权如何保障？　211

第五问：未成年人接受医疗过程中是否有选择权？　211

第六问：未成年人接受医疗过程中的费用应由谁承担？　211

第七问：未成年人接受医疗过程中的诊疗方案应遵循什么原则？　211

第八问：未成年人接受医疗过程中产生医疗损害怎么办？　212

第九问：未成年人接受医疗过程中的病历如何处理？　212

第十问：未成年人接受医疗过程中实施侵权行为的责任由谁承担？　212

二、案例学习

（一）胎儿受伤：未成年人在胎儿时期所受损害，责任由谁承担？　213

（二）独自就医：未成年人可以自行选择诊疗方案吗？　213

（三）诊疗方案：未成年人与监护人意见相左，怎么办？　214

（四）误诊致害：未成年人因医生误诊所致损害，由谁承担责任？　215

（五）病历丢失：医院因管理不善丢失病历，需要承担责任吗？　215

（六）致人过敏：未成年人在医院造成他人损害，需要承担责任吗？　216

三、知识自测

（一）排序题　216

（二）简答题　217

（三）多选题　218

（四）思考题　218

四、本章相关法条

第十九章
未成年人遭受性侵害的相关权利保护

一、基础十问

  第一问：什么是性侵害？　220

  第二问：社会上常见的针对未成年人实施的性侵害有哪些？　220

  第三问：校园中常见的针对未成年人实施的性侵害有哪些？　220

  第四问：以侵犯隐私权的手段实施性骚扰，需要承担责任吗？　221

  第五问：未成年人之间发生性行为的法律后果有哪些？　221

  第六问：监护人对未成年人实施性侵害的法律后果有哪些？　222

  第七问：未成年人遭受性侵害后，受害者本人怎样寻求法律保护？　222

  第八问：未成年人遭受性侵害，成年后是否可以追责？　222

  第九问：对未成年人实施性侵害的人应承担哪些民事责任？　223

  第十问：未成年人遭受性侵害后，监护人应当履行的义务有哪些？　223

二、案例学习

  （一）同桌骚扰：面对同桌的性骚扰，怎么办？　223

  （二）亲人骚扰：面对来自监护人的性侵害，怎么办？　224

  （三）校园恋爱：未成年人相恋后发生性关系，需要承担法律责任吗？　225

  （四）偷窥异性：遇到他人偷看自己洗澡，怎么办？　225

  （五）延迟追责：未成年时被性侵害不敢反抗，成年后可以追究他人责任吗？　226

  （六）地铁被扰：未成年人在地铁上遭遇性骚扰，怎么办？　227

| 篇 四 | 民法典与未成年人线下社会生活 50 问 |

  （七）校园侵害：未成年人在学校遭受师长的性侵害，怎么办？ 227

三、知识自测

  （一）单选题 228

  （二）多选题 229

  （三）判断题 229

  （四）辨析题 230

四、本章相关法条

第二十章
未成年人的其他权利保护

一、基础十问

  第一问：未成年人是否享有著作权？ 232

  第二问：未成年人的作品被他人使用，是否可以等成年后再追责？ 232

  第三问：未成年人与成年人共同创作作品，权利如何行使？ 232

  第四问：在教学中使用未成年学生的作品，是否构成侵权？ 233

  第五问：未成年人是否可以就自己的"小发明"申请专利？ 233

  第六问：未成年人在公共场所活动时受到损害，责任由谁承担？ 233

  第七问：未成年人在补习班、兴趣班、少年宫期间的安全应由谁来保障？ 233

  第八问：未成年人的居家安全如何保障？ 234

  第九问：未成年人被他人饲养的动物侵害，谁来承担责任？ 234

  第十问：未成年人的出行安全如何保障？ 234

二、案例学习

（一）擅用他人作品：未成年人的参赛获奖作品可以被他人随意使用吗？　234

（二）延迟追究责任：小学阶段的作品被他人侵权，可以等到上大学之后再追责吗？　235

（三）合作作品侵权：未成年人与他人合作的作品被使用，可以主张权利吗？　236

（四）合理使用免责：老师可以为了教学而使用未成年人的作品吗？　237

（五）学生申请专利：中学生可以就自己发明的"无人机"申请专利吗？　237

（六）烈性犬伤人：烈性犬伤害两周岁女童，责任由谁承担？　238

（七）不慎滑倒致损：未成年人在商场不慎滑倒，责任应由谁来承担？　239

（八）练舞意外事故：未成年人在练习舞蹈的过程中受伤，培训机构需要承担责任吗？　239

（九）父母懈怠监护：父母繁忙，可以让未成年人彼此监护吗？　240

三、知识自测

（一）思考题　241

（二）简答题　241

（三）单选题　242

（四）判断题　242

（五）单选题　243

（六）简答题　244

四、本章相关法条

篇一

民法典与未成年人校园生活 50 问

50

第一章
不满八周岁的未成年人在校园受到伤害怎么办？

一、基础十问

第一问：不满八周岁的未成年人在《民法典》中的法律地位是什么？

"法律地位"是指民事主体在法律中的"身份"，它不同于生活用语中的"地位"。鉴于年龄在一定程度上能够反映出一个人智力发育的情况，即智力发育水平、认知水平、判断能力、责任承担能力，《民法典》将年龄作为分界岭，区分了不同年龄段的未成年人的不同法律地位。就不满八周岁的未成年人而言，立法者将其归为无民事行为能力人：肯定了该年龄段未成年人的法律人格，即不满八周岁的未成年人自出生时起即具有民事权利能力；但该年龄段的未成年人尚不具备独立的民事行为能力，因为其身心均处于成长的过程中，尚需成年人的保护，且不具有丰富的社会阅历，既无法独立辨识行为性质、独立预判行为后果，亦无法独立承担法律责任，所以其所为行为一律无效。

第二问：不满八周岁的未成年人做的哪些行为有效？

根据《民法典》第20条的规定，无民事行为能力人实施的民事法律行为无效。此处的"无效"不是否认不满八周岁未成年人的行动能力或生活能力，而是否认其行为的法律效力。也就是说，当不满八周岁的未成年人做出一些行为想要得到法律的认可时，即便得到其监护人的事前同意或事后追认，也无法获得法律上的效力。那么,什么是"法律上的效力"呢?这是指在法律上能够产生权利、引发义务或责任的法律上之力,根据该"法律上之力",享有权利的人可以请求对方履行义务或承担责任。那么,不满八周岁的未成年人如何保护自己的权益呢?根据《民法典》第20条的规定,该年龄段的未成年人的行为可以通过其法定代理人来开展、实施。

未成年人实施的民事法律行为,依年龄划分具有不同的法律效力(见表1)。

表1 未成年人所实施的民事法律行为的效力

年龄划分	行为的法律效力
不满八周岁的未成年人	无效
八周岁以上的未成年人	1. 纯获利益的行为直接生效 2. 与智力、精神健康状况相适应的行为直接生效 3. 其他行为经法定代理人代理、同意或追认后生效
十六周岁以上自食其力的未成年人	视为完全民事行为能力人所实施的行为有效

第三问:什么是伤害?

伤害是指通过某些方法手段致使自己或者他人受到损害。从生活用语上讲,伤害所造成的损害范围不仅限于身体层面,同时也包括心理层面的伤害。在身体层面上的伤害主要表现为身体组织的损伤,在心理层面上的伤害则主要表现为情绪或精神上的负面影响。从法律用语上讲,伤害包括对人格权、身份权、财产权的伤害,例如,对未成年人的人格独立、人格尊严、人身自由,以及个人隐私、个人信息、个人财产所造成的损害都属于法律上的伤害。

第四问:什么是校园伤害?

校园伤害是指未成年人在校园中所受到的损害。根据造成伤害的来源,可将校园伤害分为人为伤害和非人为伤害。人为伤害中的"人为"因素主要来自受教育者和教育者。例如,学生课间打闹所致的伤害是在受教育者之间产生的,教师采取不当教育方式所致的伤害是教育者对受教育者施加的。在人为伤害中，还可以根据"人"的因素是来自校内还是校外区分为校内人士侵权所致的校园伤害和校外人士在校内侵权所致的校园伤害。例如，未成年人受到本校学生、教师的侵害，属于前者；受到第三人的伤害，属于后者。非人为伤害中的"非人为"因素主要源于不可抗力与意外事件。例如，因地震、洪水造成的伤害属于非人为伤害，独自跑步跌倒所致的伤害也属于非人为伤害。

第五问：在什么情况下学校需要对校园伤害承担法律责任？

《民法典》在侵权责任编对学校等教育机构的侵权责任进行了细致的规定，总的来说，教育机构对于未成年人在机构内所受到的伤害均具有承担侵权责任的可能性；是否应当承担责任，取决于教育机构的行为是否符合立法者的期待。例如，对在幼儿园等教育机构就读的不满八周岁的未成年人而言，立法者对教育机构抱有较高的期待，希望教育机构能够为该群体提供全方位的保护，因此，《民法典》第1199条规定，无民事行为能力人在教育机构受到人身损害的，教育机构是第一责任人，除非教育机构能够举证证明其尽到了教育、管理的职责。

未成年人校园伤害的责任分配见表2。

表2 未成年人校园伤害的责任分配

年龄	风险来源	教育机构是否尽到教育、管理职责	责任承担
不满八周岁	学校内部	是	学校不承担责任
不满八周岁	学校内部	否	学校承担过错推定责任
不满八周岁	校外人士	是	第三人承担侵权责任
不满八周岁	校外人士	否	第三人承担侵权责任、学校承担补充责任
八至十八周岁	学校内部	是	学校不承担责任
八至十八周岁	学校内部	否	学校承担过错责任
八至十八周岁	校外人士	是	第三人承担侵权责任
八至十八周岁	校外人士	否	第三人承担侵权责任、学校承担补充责任

第六问：在什么情况下监护人需要对校园伤害承担法律责任？

监护人作为对未成年人的行为进行监督，以及对未成年人的合法权益进行保护的主体，需要对未成年人的侵权行为所致的损害承担侵权责任，在校园伤害事件中也不例外。例如，根据《民法典》第1188条的规定，无民事行为能力人、限制民事行为能力人造成他人损害的，此时不论监护人有没有尽心教导或约束未成年人的行为，均需承担侵权责任，无法寻求免责。但需要注意的是，需承担侵权责任的监护人虽然无法免除责任，但在证明其已经尽到监护职责的情况下，可以请求减轻责任。

第七问：在什么情况下教育者需要对校园伤害承担法律责任？

首先需明确的是，教育者具有双重身份，既是普通的自然人，也是承担着立德树人使命的教师。因此，在判定教育者是否需要承担校园伤害的侵权责任时，需要结合以上两个身份来理解。作为普通的自然人，无论在校内还是在校外，无论是对成年人还是对未成年人，只要自己的行为给他人造成了伤害，就应当承担侵权责任。作为立德树人的教师，在校内对未成年人造成伤害之后，教育机构在承担了相应的侵权责任之后，可以对教师在教育管理过程中的过错进行追究，要求过错行为人承担相应的责任。

第八问：在什么情况下第三人需要对校园伤害承担法律责任？

此问中的"第三人"是指教育机构及其工作人员、受教育者以外的人。当第三人对校园内的未成年人造成伤害时，需要分情况进行讨论。情况一：教育机构采取了充分的安全保障措施，例如，有保卫人员值班与巡逻、有校门的开关规则、有外来人员的查验机制等，此时未成年人因第三人所受伤害的侵权责任应当由第三人单独承担。情况二：教育机构未采取充分的安全保障措施，例如，随意允许外来人员进入校园、未定时检查保卫人员的值守情况等，此时，未成年人因第三人所受伤害的侵权责任应当由第三人和校方共同承担，第三人承担主要责任，校方承担补充责任。根据《民法典》第1201条的规定，校方在承担了补充责任之后，可以向实施侵权行为的第三人进行追偿。

第九问：在校园内发生意外事件，法律责任由谁承担？

意外事件是指由行为人意志以外的原因造成的偶然事故，意外事件的发生是不能被预见、不能被控制、不能被避免的。因此，当校园内发生意外事件导致学生受到伤害时，不能归由学校承担全部责任。例如，雷暴天气导致物件坠落砸伤未成年人，此时如果学生提前向保险公司投保了意外保险，则能够得到保险公司的赔付；如果学生没有投保意外保险，则相关损失只能由受害人承担。

第十问：不满八周岁的未成年人参加校园文体活动是否适用自甘风险规则？

"自甘风险"中的"自"是指行为人作出独立的意思表示，"甘"是指行为人甘愿以自己独立的意思表示来承担相关行为的后果，"风险"指在文体活动中可能出现的意外情况。根据《民法典》第1176条的规定，若行为人满足自甘风险的条件，则该行为人在文体活动中一旦受到来自其他参与人基于活动正常进行所产生的损害，则不得以他人实施侵权行为为由请求对方承担侵权责任。对不满八周岁的未成年人而言，因其缺乏必要的社会认知与行为认知，无法就相关文体活动可能产生的危险形成理性的判断，故其参加校园文体活动不适用自甘风险规则，即不满八周岁的未成年人在参加校园文体活动的过程中（例如篮球赛、足球赛）所受到的来自其他参与人的伤害，依法享有请求对方承担侵权责任的权利，对方不得以自甘风险规则为由进行抗辩。

二、案例学习

（一）打闹受伤：放学后打闹所致的伤害，责任由谁承担？

1. 事件经过

幼儿园的民民和正正在放学后一起等待爸爸妈妈来接的过程中，因争夺玩具而产生争执，两人互相揪住了对方的头发。正在打扫卫生的幼儿园老师看到后，迅速拉开两人，并告诉两人不可以相互伤害。待民民和正正的情绪缓和开始各玩各的之后，老师便继续打扫工作。

（图：王嘉胤）

不料，正正趁老师不注意，拿起手中的玩具砸向民民的头部，导致民民头部被砸破并流血。

2. 事件评析

首先，学校不应当承担责任，因为只有同时满足以下要件，幼儿园、学校等教育机构才需承担责任。第一，学生所受伤害为在校期间发生的，即伤害事件发生在学校对学生负有教育、管理、指导、保护等职责的期间及地域范围内。第二，学校没有尽到教育、管理、保护的义务，存在职责过失。第三，客观上发生了未成年人受到伤害的结果。第四，学校未尽到相应的义务与客观发生的伤害结果有因果关系。该案例符合第一条和第三条，但是不满足第二条和第四条。因为老师及时调解了矛盾并教育了民民和正正，已经尽到了相应的教育义务，且无法预见和制止正正临时突发的行为。其次，实施侵权行为的未成年人的监护人应当承担侵权责任。由于正正是无民事行为能力人，因此根据前文"第六问"的回答，对于无民事行为能力人所实施的侵权行为，应由其监护人承担侵权责任。

（二）有人行凶：社会人员进入校园行凶造成伤亡，责任由谁承担？

1. 事件经过

犯罪嫌疑人陈某，以女儿未完成暑期作业、班主任不让其报名上学为由，于某日上午课间休息的时间进入女儿就读的小学，持水果刀将女儿的班主任刺伤，并随机刺伤8名学生。

（图：王嘉胤）

2. 事件评析

首先，陈某属于校外人员。其次，陈某作为实施侵害未成年人生命权的侵权行为人，应当就损害承担侵权责任。再次，受到伤害的学生及其监护人也可以追究学校的责任，若学校的安保系统在未进行防范的情况下使陈某成功进入校园，则校方需要就未尽到管理职责的部分负责，承担相应的补充责任。最后，校方在承担补充责任后，可以依据《民法典》的规定向实施侵权行为的人进行追偿。

（三）场所坍塌：学校体育馆突然坍塌，导致未成年人受伤，责任由谁承担？

1. 事件经过

正正是一名不满八周岁的小学二年级学生，其所在学校正在建设室内体育馆，并在施工场地周围采取了相应的防护措施。正正在课间休息时，闲逛到施工场地附近，发现进出施工场地的大门没有关，便自己溜进去玩，不慎坠入一个坑中，被施工人员发现并送往医院，经诊断：正正脑出血。正正及其监护人应当如何寻求救济？

（图：王嘉胤）

2. 事件评析

该事件发生在课间休息时间，即在校期间发生，属于校园伤害。学校因管理疏忽导致进入施工场地的大门未锁，未做好安全保障工作，且未在门口设置警示牌或者标语。由于学校未尽到相应的管理教育义务，导致还是无民事行为能力人的正正进入施工场地，因此学校应当承担民事责任，对正正进行赔偿。此外，对于存在不安全因素的设施或者场地，应立即解决或在该危险设施旁设置明显的警示标志并采取积极有效的防范措施，避免学生进入危险状况之中。仅靠口头提醒学生"多加注意"不能视为已有效消除了明显的不安全因素。因为对无民事行为能力人而言，他们还不能充分理解可能存在的危险及其后果。

（四）运动猝死：特殊体质学生在校运动猝死，责任由谁承担？

1. 事件经过

民民是一位中学生，学校不知道民民患有先天性心脏病。某日，民民在学校上体育课跑步时，心脏病突然发作，当场晕厥，老师紧急联系了家长。家长到校后，与老师一起将民民送到医院进行抢救，最后民民因抢救无效死亡。①

（图：王嘉胤）

2. 事件评析

首先需要明确的是该事件中未成年人的法律地位，作为一名中学生，该学生是八周岁以上的未成年人，是民法上的限制民事行为能力人。根据前文"第五问"的回答，限制民事行为能力人在学校等教育机构受到伤害的时候，《民法典》所采取的归责原则是过错责任原则，即学校等教育机构若未尽到教育、管理的职

---

① 于春林：《家长未向学校提前告知孩子患有先心病，孩子在校运动后猝死——特异体质学生在校死亡案件的启示》，《中国教育报》2021年7月14日第5版。

责，则应当承担责任。在本事件中，学校教师未在第一时间拨打120进行紧急求救，属于未尽到管理职责，应当承担责任。但是，本事件发生的主要原因在于未成年人本身的特殊体质，以及监护人未事前告知学校进行关注。因此，本事件所致损害的法律责任应由学校和未成年人的监护人共同承担。

如果是不满八周岁的未成年人在学校发生了类似事件，责任的认定逻辑类似：如果学校无法举证证明已经在第一时间拨打120紧急求救、未尽到管理职责，则应当由学校和未成年人的监护人共同承担责任。

（五）校园体训：小学生在校园篮球训练中受伤，责任由谁承担？

1. 事件经过

正正与典典均为六周岁的小学一年级学生，二人均自愿报名参加了学校组织的篮球训练营活动。在训练过程中，典典与正正相撞，导致正正摔倒受伤。正正起诉要求典典和学校连带赔偿因此支出的医疗费、护理费、营养伙食补助费等相关费用。典典家长认为自己无须就

（图：王嘉胤）

正正受伤承担赔偿责任，学校应在其未尽到安全保障义务的范围内就正正受伤承担赔偿责任。①

2. 事件评析

根据前文"第十问"的回答，自甘风险规则不适用于不满八周岁的未成年人，因为该年龄段的未成年人尚无法形成对行为性质、行为后果的正确认知，若适用自甘风险规则，将会对该群体的合法权益造成损害，无法对其予以充分保

---

① 关于成年人的相关案例，可参考仉亭方：《北京三中院首例适用民法典自甘风险规则案例》，北京市第三中级人民法院网站，https://bj3zy.bjcourt.gov.cn/article/detail/2021/06/id/6079236.shtml，访问日期：2023-9-15。

护。因此，在该事件中，作为活动组织方的学校应当承担侵权责任，除非学校能够举证证明己方已经尽到了教育、管理的职责。

三、知识自测

（一）选择题

正正与民民都是一年级的小学生，二人因琐事发生争执后，正正开始在班级内传播关于民民的谣言和闲话，并伙同班上的同学给民民取侮辱性的绰号，这样的行为给民民带来了很大的伤害，他变得不愿意说话，也排斥上学。民民的家长可以请求正正的监护人承担侵权责任吗？（　）

A. 可以　　B. 不可以

答案及解析

答案：A

解析：本题的考点在于前文"基础十问"中的"第三问"和"第六问"。正正散布关于民民的不实谣言的行为构成了对民民名誉权的侵害，给民民取侮辱性绰号的行为构成了对民民姓名权的侵害。这样的行为应被制止，且民民的家长可以请求正正的监护人承担责任。

（二）问答题

课间休息时，正正与民民在学校施工场地附近玩耍打闹，在打闹过程中，正正不小心将民民推下施工队挖的沟渠里，民民被送到医院后，经诊断为脑震荡。

问：民民所受到的伤害是否为校园伤害？

答案及解析

答案：民民所受到的伤害是校园伤害。

解析：首先，事件发生在课间休息时，场地范围在校内；其次，学校在施工场地未采取合理的防护措施，导致民民掉入沟渠中，因此属于校园伤害事件。在判断是否构成校园伤害的时候，可以从时间要素、伤害来源等方面进行分析。就时间要素而言，若事件发生在学校应当对学生承担教育、管理和保护责任的期间（例如上课期间、学生住宿期间），则满足时间要素。就伤害来源而言，以下类型涵盖了常见的校园伤害，如来自本校学生的伤害、来自本校教职人员的伤害、来自校外第三人在校内实施的伤害、来自校内不可抗力的伤害、来自校内意外事件的伤害等。

（三）问答题

春节期间，不满八周岁的民民拿着外婆给自己的 2000 元压岁钱去商店买玩具，商店里面的玩具琳琅满目，不一会儿，民民就花光了自己所有的压岁钱。妈妈知道后，对民民乱花钱感到很生气，并带着民民一起去讨回压岁钱。

问：民民和妈妈能讨回压岁钱吗？

------ 答案及解析 ------

答案：民民和妈妈能够要求退回压岁钱。

解析：正如前文基础十问中所述，不满八周岁的未成年人所实施的行为一律不产生法律上的效力，即民民可以花钱"买"东西，但不会产生"买"的法律效果。因此，作为监护人，民民的妈妈可以请求商店返还民民"支付"的钱款。

（四）思考题

七周岁的典典在某艺术类寄宿学校就读。为了赶上学习进度，夜里熄灯之后，典典在宿舍练习下腰动作，不慎受伤导致下肢瘫痪，就医两个月已花费 10 万余元。典典的父母均为外地来京的打工人士，举债无门。典典的父母因与学校协商无果而发生纠纷，遂起诉到法院。学校认为，典典受到伤害完全是自己的不慎行为造成的，学校对伤害的发生不存在过错，不应承担责任。

问：你支持学校的主张吗？

------ 答案及解析 ------

答案：学校的主张具有法律依据。

解析：七周岁的典典在学校受到伤害，原本应当由学校承担相应的责任，但是在本事件中，伤害源自受害人本人，且学校无法预知受害人的行为，属于意外事件。因此，若学校能够证明己方已尽到了教育、管理的职责，则无须承担法律责任。

四、本章相关法条

《民法典》第一百二十条

《民法典》第一千一百七十六条

《民法典》第一千一百七十九条

《民法典》第一千一百八十八条

《民法典》第一千一百九十九条

《民法典》第一千二百零一条

第二章
八周岁以上的未成年人在校园受到伤害怎么办？

一、基础十问

第一问：八周岁以上的未成年人在《民法典》中的法律地位是什么？

与不满八周岁的未成年人的法律地位相比，八周岁以上的未成年人的法律地位略有不同。该年龄段的未成年人已呈现出认知能力与意志能力的发育，换言之，相较于不满八周岁的儿童，八周岁以上的未成年人能够在一定程度上根据周遭环境判断行为的有利或不利后果，并且能够根据自己的判断控制自己的行为。因此，《民法典》将八周岁以上的未成年人界定为限制民事行为能力人，部分承认该群体行为的法律效力。此外，对于十六周岁以上能够自食其力的未成年人，《民法典》对其民事行为能力进行了特别肯认，即将其视为完全民事行为能力人，认可该群体行为的法律效力。

第二问：八周岁以上的未成年人做的哪些行为有效？

对八周岁以上的未成年人而言，在行为效力的判断上，可以从两方面进行考量。一方面，对直接认可行为效力的部分而言，《民法典》只承认该群体所独立实施的"纯获利益"行为的效力，以及该群体所独立实施的与其年龄、智力相适应的行为的效力。因此，如何判断"纯获利益"以及"与年龄、智力相适应"是关键。另一方面，对间接认可行为效力的部分而言，《民法典》将认可的权利赋予了该群体的法定代理人，并规定其可以通过事前同意、事后追认的方式认可八周岁以上未成年人所实施的行为的效力。

第三问：八周岁以上的未成年人在校园生活中易受伤害的场景有哪些？

第一，就身体伤害而言，主要源于同学之间的争执。因为该阶段的未成年人正处于"三观"形成的关键时期，较为敏感与较真，一旦遇到意见不合的情况，如果缺乏正确的引导，则可能会走向极端，诉诸暴力。第二，就心理伤害而言，主要源于校园社交。因为该阶段的未成年人较为渴望社交，但是尚未完全掌握健康社交的规则，所以很容易因他人言语而受伤，也很容易受到他人的挑拨与教唆。此外，易受伤害的场景也有可能源于教育机构教职人员和学生之间的争执。

第四问：八周岁以上的未成年人受到伤害后，可基于什么归责原则请求行为人承担责任？

归责原则是指将责任归因到责任主体由其承担责任的原则。根据我国《民法典》的规定，侵权责任的归责原则有两大类：过错责任原则和无过错责任原则。过错责任原则是指以过错作为归责的最终构成要件，即行为人的侵权行为给对方造成损害后，须行为人在主观上存在过错，才能令其依法承担相应的民事责任。过错责任原则是侵权责任的一般归责原则，除法律规定的特别侵权行为外，一般侵权行为均适用过错责任原则。无过错责任原则是指基于法律的特别规定，只要受害人能够证明损害是加害人的行为或者物件所致，加害人就应当承担民事责任，不论其是否存在主观上的过错，除非加害人能够证明存在法定抗辩事由。如果侵权行为人是十八周岁以上的完全民事行为能力人，或者是十六周岁以上能够自食其力的未成年人，那么对其应当适用过错责任原则；如果侵权行为人是无民事行为能力人或者限制民事行为能力人，那么根据《民法典》的规定，不论具体实施侵权行为的未成年人是否有"过错"，均应由对其承担监护职责的监护人承担侵权责任。

第五问：八周岁以上的未成年人受到伤害后，可请求侵权行为人承担哪些侵权责任？

根据未成年人所受到伤害的类型的不同，八周岁以上的未成年人可以请求侵权行为人承担不同种类的侵权责任。当未成年人所受伤害是人身伤害，即侵权行为人对未成年人的人格尊严、人身自由等造成伤害时，其可以请求侵权行为人承担消除影响、恢复名誉、赔礼道歉等侵权责任。当未成年人所受伤害是财产损害时，其可以请求侵权行为人承担停止侵害、赔偿损失等侵权责任。民事责任承担方式及适用情形见表3。

表3　民事责任承担方式及适用情形

责任承担方式	一般适用情形
停止侵害	人身权、财产权遭受正在进行的侵害
排除妨碍	人身权、财产权遭受侵害，致使权利人无法正常行使权利
消除危险	人身权、财产权遭受侵害，产生危险
返还财产	财产权遭受侵害
恢复原状	财产权遭受侵害
修理、重作、更换	财产权遭受侵害
继续履行	合同履行受阻
赔偿损失	人身权、财产权遭受侵害，产生损失
支付违约金	合同履行受阻
消除影响、恢复名誉	人身权遭受侵害
赔礼道歉	人身权遭受侵害

第六问：八周岁以上的未成年人参加校园文体活动是否适用自甘风险规则？

对该群体而言，是否适用自甘风险规则不能采取"一刀切"的方式进行回答，而要根据具体情况进行判断。主要的判断标准在于，未成年人所参加的校园文体活动是否在其平均认知范围与认知水平之内。例如，如果中学生经常参加篮球赛，对比赛中可能发生的"篮球砸到眼睛""抢球过程中有肢体碰触"等意外情况是了解的，则应当适用自甘风险规则。又如，如果中学生从未参与过某项运动，那么即便在参加该项运动前得知该项运动存在风险，也可能基于年龄、智力的限制无法预料到风险的严重性，此时不应当适用自甘风险规则。①

第七问：未成年人遭受性侵害的法律救济方式有哪些？

我国在处理未成年人遭受性侵害的案件时，一般采取的是司法手段，即未成年人在受到性侵害后，应该立即报告家长，同时报警，保留证据并将其提供给警方，及时将犯罪分子绳之以法。但由于未成年人对性缺乏了解，加之年龄小，因此部分未成年人在受到性侵害后，尚未意识到自己受到了伤害或者出于恐惧与担忧不敢告诉父母或者亲友。因此，《民法典》在未成年人遭受性侵害之后的救济方面设置了较为充足的时间，即未成年人遭受性侵害的损害赔偿请求权的诉讼时效期间不是从受害人知道自己受到伤害的时间开始计算，而是从受害人年满十八周岁之日起计算，诉讼时效为三年。

第八问：在什么情况下发生校园伤害，学校需要承担侵权责任？

与立法者对于不满八周岁的未成年人所就读的教育机构所持有的态度不同（详细内容请参见第一章中的"第五问"），立法者对于八周岁以上的未成年人所就读的教育机构抱有中等的期待，认为该年龄段的未成年人相较于不满八周岁的未成年人而言，其行为控制力以及行为后果认知力均有所提升，此时应当引导该群体做出有意识的正当行为。因此，《民法典》第 1200 条规定，一旦发生八周岁以上的未成年人在教育机构受到人身损害的，按照过错来进行定责。如果教育机构没有尽到教育、管理的职责，则其应当承担责任。

---

① 具体论点可参见《未成年人参加文体活动受伤，是否也要"自甘风险"?》，北京日报客户端，https://baijiahao.baidu.com/s?id=1700612025619024551&wfr=spider&for=pc，访问日期：2023-9-16。

第九问：在什么情况下发生校园伤害，监护人需要承担侵权责任？

对八周岁以上的未成年人而言，只要其在校园中对他人实施了侵权行为，就应当对行为后果负责。但是在负责的方式上，要根据能否"自食其力"来进行区分：对八周岁以上十六周岁以下的未成年人而言，在实施了侵权行为并且应当依法承担侵权责任的情况下，应由其监护人承担侵权责任；对十六周岁以上的尚无法自食其力的未成年人而言，侵权责任也应当由其监护人承担；对十六周岁以上能够自食其力的未成年人而言，因为立法者已经将其视为完全民事行为能力人，所以此时无须监护人承担侵权责任，而是应当由该行为主体自负其责。此外，需要注意的是，监护人可以举证证明自己尽到了监护职责，但该"尽责"只能作为责任的减轻事由，而无法成为责任的免除事由。

第十问：在什么情况下发生校园伤害，教育者需要承担侵权责任？

此处需要分情况进行讨论。情况一：八周岁以上的未成年人在学校受到来自他人的伤害，教育者在事件发生前未提醒、在事态发展过程中未及时进行劝阻或减少损害的扩大，属于未尽到教育、管理的职责，应由教育机构承担侵权责任，教育机构在承担责任之后，可以根据教育者的过错程度进行追偿。情况二：八周岁以上的未成年人在学校受到来自教育者的伤害，此时教育者作为完全民事行为能力人，清楚行为的性质与后果，是在自己独立的意思表示下做出侵权行为，应当对自己的行为负责，直接就自己所实施的侵权行为承担法律后果。

二、案例学习

（一）问题跑道：学生因校内设施质量问题受到伤害，责任由谁承担？

1. 事件经过

某学校在暑假期间修建了新的操场，开学后操场立即投入使用，但操场跑道上仍有巨大的刺鼻气味，自新操场投入使用后，不断有学生出现流鼻血、呕吐、身体起疹子、血小板降低、尿失禁、鼻黏膜出血、性早熟、腺样体肥大等症状。学生家长集体起诉学校后，经调查发现，在操场施工的过程中不仅存在项目转包的情况，并且，承建方所使用的塑胶材料是当地"黑作坊"生产的，造价不到报价的四分之一。①

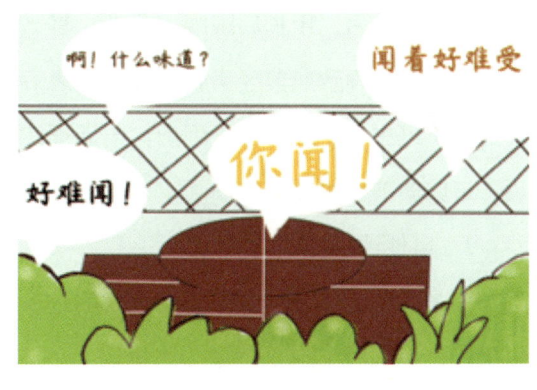

（图：王嘉胤）

2. 事件评析

首先，八周岁以上的未成年人在学校受到伤害的情况下，根据《民法典》第1200条的规定，如果学校存在教育或管理上的过错，则应当由学校承担侵权责任。在该事件中，学校作为管理方，在操场的修建过程中以及在操场修建完毕之后的质量评估中存在过错，因此，校方应当就受害学生的损害承担侵权责任，对因此而产生的医疗费、护理费、康复费等进行承担。

（二）课间受伤：学生在课间休息时发生争斗，造成损害，责任由谁承担？

1. 事件经过

典典和正正是初二的同班同学，课间休息时，典典在正正座位旁唱歌，正正让典典不要唱了，典典继续唱歌。正正认为典典此举是"挑衅"，便将典典带到教室的储物室想要"解决"此事。到了储物室后，典典从背后锁住正正的脖子，

（图：王嘉胤）

---

① 于平：《三门毒跑道案孩子仍有后遗症，追责岂能虎头蛇尾》，搜狐网，https://www.sohu.com/a/405372723_665455，访问日期：2023-9-18。

正正在被锁脖后,用脚后跟踢了典典,导致典典摔倒。其后,正正继续将典典的背往地上摁,导致典典牙齿脱落。事发之后,同学们将典典带到卫生间进行冲洗并通知了班主任。班主任赶到后打电话通知了典典和正正的家长。典典母亲赶到后,带典典前往医院治疗。①

2. 事件评析

首先,该争斗是学生之间的行为所致,侵权行为人即正正需要承担主要的侵权责任,但是考虑到正正是八周岁以上的未成年人(限制民事行为能力人),因此侵权责任应由其监护人承担。其次,就学校而言,班主任在赶到之后仅打电话通知了双方当事人的家长,并未及时将该生送往专业救治机构,因此,学校在教育、管理方面存在过错,也需要承担部分侵权责任。最后,典典所受损害的发生原因中,也有受害人本人的行为因素,因此,受害人本人也应当承担次要侵权责任。

(三)意外伤残:校园伤害发生之后,意外事件导致损害扩大,责任由谁承担?

1. 事件经过

民民与典典是高二的同班同学,在上篮球课时,体育老师暂时离开去储物室取运动器材。此时,民民被典典在抢球的过程中撞倒,导致骨折。民民本不应再被移动,以免骨折加重,但因为同学们不懂,架着民民去了学校医务室,校医见伤势严重,建议去医院治疗。

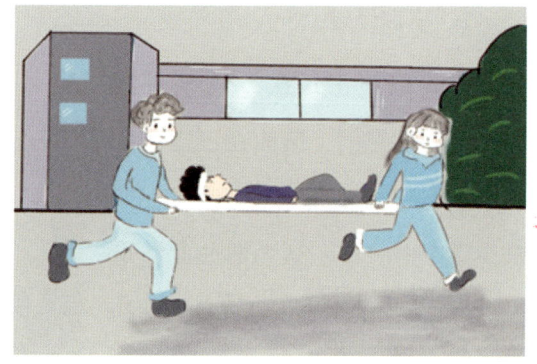

(图:王嘉胤)

---

① 改编自真实案例,详情请参见江苏省常州市中级人民法院,(2018)苏04民终4161号民事判决书。

于是，同学们又自发架着民民打车去医院治疗。整个过程中的不当移动，导致民民骨折加重，造成伤残。此外，学校已向某保险公司投保校方责任保险并附加无过失责任保险。①

2. 事件评析

首先，高中生虽是限制民事行为能力人，但是从年龄和智力发育的标准上看，已经能够对篮球运动中可能产生的风险形成正确认知。因此可以适用自甘风险规则，排除典典的责任。其次，就校方而言，在处理过程中没有证据表明学校存在教育、管理失责的情况。最后，虽然校方没有过错，但是其已投保了无过失责任保险，因此，应当在保险额度的范围内，对受害人民民的全部损失进行赔偿。

三、知识自测

（一）不定项选择题

年满十四周岁正在上初中的正正做了以下行为，请问正正的哪些行为是有效的？（ ）

A. 正正购买了一套住房

B. 正正在校门口购买了一支铅笔

C. 过年的时候，正正收了外公发给自己的压岁钱

D. 外公将自己公司的股份以一元钱的价格卖给了正正

---- 答案及解析 ----

答案：BC

解析：正正做出的 B 和 C 两个民事法律行为是有效的。限制民事行为能力人独立实施纯获利益的民事法律行为或者与其年龄、智力相适应的民事法

---

① 改编自真实案例，详情请参见河北省张家口市中级人民法院，（2021）冀07民终989号民事判决书。

律行为是有效的。A 选项中，正正购买一套住房的行为显然与其年龄、智力并不相适应；B 选项中，正正目前是初中生，购买铅笔与其年龄、智力是相符合的；C 选项中，正正收了外公发给自己的压岁钱，这属于纯获利益行为，正正在得到压岁钱时，并没有附带其他负担；D 选项中，虽然外公将股份卖给正正只收取了一元钱，但是由于施加给正正一元钱的负担，所以该行为不属于纯获利益行为，且买卖股份与正正的年龄、智力并不相适应。

（二）判断题

正正与典典均为高中生，且都是篮球爱好者，二人自愿报名参加了学校组织的篮球训练营活动。在训练过程中，正正与典典相撞，导致正正摔倒受伤。正正起诉要求典典和学校承担连带责任，赔偿自己所支出的医疗费、护理费、营养伙食补助费等相关费用。

问：正正所受到的损失需要由典典及学校承担吗？

---- 答案及解析 ----

答案：典典无须承担责任，学校是否承担责任视情况而定。

解析：在学校组织的篮球活动中，正正和典典作为高中生，对篮球活动中可能存在的风险是明知且应知的，因此，在此处可以适用自甘风险规则，参与篮球活动的人员应对意外的发生风险自担。另外，若正正能够举证证明学校在篮球训练的过程中疏于教育、管理，存在过错，则学校需要承担责任；反之，则学校无须担责。

（三）思考题

民民在十四周岁时被邻居性侵，但出于羞耻与恐惧不敢告诉父母，民民读大学后，学习到很多法律知识，想要追究邻居的责任。

问：时隔多年，民民成年后还能起诉侵权行为人吗？

----- 答案及解析 -----

答案：民民成年后具有起诉侵权行为人的权利。

解析：根据《民法典》的规定，未成年人遭受性侵害的损害赔偿请求权的诉讼时效期间是自受害人年满十八周岁之日起计算，即民民可以在成年后起诉对方，但是诉讼时效期间是从民民年满十八周岁之日开始计算三年。

四、本章相关法条

《民法典》第一百九十一条

《民法典》第九百九十五条

《民法典》第一千一百六十七条

《民法典》第一千一百七十六条

《民法典》第一千一百九十九条

《民法典》第一千二百条

第三章
未成年人在校园伤害他人怎么办？

一、基础十问

第一问：面对伤害事件，怎样明确责任？

和生活中遇到矛盾进行调解的原则一样，我们需要先判断——谁之过？法律中对于冲突的解决办法类似：伤害事件发生之后，明确责任的前提是明确过错的归属，进而根据归责原则的适用来明确责任的分配与承担。根据我国《民法典》的规定，侵权责任的归责原则有两大类：过错责任原则和无过错责任原则。过错责任原则是指，在侵权责任的承担上必须以行为人有过错为前提，否则行为人无须承担责任。无过错责任原则是指，在侵权责任的承担上不以行为人有过错为前提，在法律规定的情况下，即便行为人没有过错，也不影响其承担侵权责任。

第二问：常见的承担责任的方式有哪些？

根据《民法典》第179条的规定，责任主体承担责任的方式主要有如下11种：停止侵害，排除妨碍，消除危险，返还财产，恢复原状，修理、重作、更换，继续履行，赔偿损失，支付违约金，消除影响、恢复名誉，赔礼道歉。以上承担民事责任的方式，既可以单独适用，也可以合并适用。若未成年人在校园内伤害他人，作为责任主体，容易涉及的责任方式有：停止侵害，排除妨碍，消除危险，返还财产，恢复原状，修理、重作、更换，赔偿损失，消除影响、恢复名誉，赔礼道歉。上述责任方式，有的适用于未成年人对他人物权的损害，有的适用于未成年人对他人人格权的损害，例如，恢复原状与修理、重作、更换属于前者；恢复名誉，赔礼道歉属于后者。

第三问：责任明确之后由谁承担？

总的来说，未成年人对他人所实施的侵权行为的责任应当由其监护人承担，监护人若能够举证证明自己尽到了监护职责，则可以减轻其应当承担的侵权责任。结合前一问，此问涉及两种情况。情况一：未成年人侵害他人人格权，造成他人损失，例如，未成年人肆意编造谣言进行扩散传播，导致受害人身心健康严重受损。情况二：未成年人侵害他人物权，造成他人损失，例如，未成年人毁坏他人的电脑等学习用品，导致受害人财产损失。若涉及情况一，则在监护人对受损害方进行赔偿之余，还应令做出侵权行为的未成年人进行赔礼道歉；若涉及情况二，则监护人应先用未成年人的个人财产进行赔偿，不足部分，再用自己的个人财产进行补足。

第四问：什么是监护人？

监护人中的"监护"是监督、保护的含义，监护人中的"人"是指有资格对他人进行监督、保护的个人或组织。因此，在理解"监护人"的概念时，要注意避免两个误区。误区一：有人认为监护人是"单数"，在离婚之后享有抚养权的一方是监护人。此处是对监护人定义的误解。根据《民法典》第27条第1款的规定，父母双方均是未成年人的监护人，不因婚姻关系的终止而失去监护人的身份。误区二：有人认为监护人是自然人，只能由有血有肉的人担任。此处也是对监护人定义的误解。根据《民法典》第27条第2款的规定，"其他愿意担任监护人的个人或者组织"在特定条件下也被立法者纳入具有监护资格的范围。

第五问：监护的类别有哪些？

根据《民法典》的规定，我国的监护类型主要分为法定监护、遗嘱监护、协议监护、指定监护、意定监护。法定监护是指在法律规定的范围内享有监护资格的人与未成年人之间形成的监护关系；遗嘱监护是指未成年人的父母可以通过遗嘱的方式为自己的儿女指定监护人；协议监护是指享有监护资格的民事主体之间可以通过协议的方式明确监护人由谁担任，但在此类型中必须尊重未成年人本人的真实意愿，保障其表达、重视其表达、尊重其表达；指定监护是指一旦享有监护资格的人对监护人的确定发生争议（包括竞相愿意担任未成年人的监护人以及都不愿意担任监护人的情况），确定监护人的权限由了解未成年人情况的居委会、村委会或民政部门进行指定（若对指定结果不满意，则可以请求人民法院进行指定，也可以不经过村委会、居委会等机构，径直请求人民法院进行指定）；意定监护是一种未雨绸缪的类型，该类型较为特殊，所适用的不是未成年人，而是成年人，是成年人之间以书面的方式明确自己未来的监护人。

第六问：监护人的职责有哪些？

对监护人的职责可以从两个方面进行理解：主动层面的代理职责；被动层面的防护职责。就主动层面的代理职责而言，主要是作为未成年人的代理人，实施相关民事法律行为。根据代理理论，代理人所为的法律行为的效果归于被代理人，因此，监护人为未成年人的利益所进行的民事法律行为所产生的权利应当归于未成年人本人。就被动层面的防护职责而言，主要是作为未成年人的守护人，保护未成年人的人身权益、财产权益以及其他合法权益免受他人伤害，以及在遇到来自他人的伤害时，能够查明情况，追究侵权行为人的责任。

第七问：监护人应如何防范校园伤害行为？

监护人可以从如下方面防范校园伤害行为的发生。首先，监护人应采取未成年人能够理解与掌握的方式，向未成年人普及人身权、财产权的常识，令未成年人知晓哪些行为可能会伤害他人，以及哪些行为不可为。其次，监护人应采取合适的方式使未成年人知晓，在遇到他人伤害的时候，哪些自卫反击的行为是合法的。最后，监护人应向未成年人普及：在遇到校园伤害行为时，应通过什么途径进行求助。

第八问：教育机构应如何防范校园伤害行为？

教育机构应当从如下方面进行防范：第一，建立校园伤害行为处理流程，并使流程公开透明。此举的好处是让学生与教职员工均知晓一旦发生校园伤害，应通过何种途径进行反映或求助；第二，定期开展校园伤害事件相关法律知识的普及活动，使学生与教职员工明确相关行为的法律后果；第三，开办"心理疏导室"，从心理层面将校园伤害行为发生的可能性降到最低，与此同时，也可以对受到校园伤害的人员进行心理辅导。

第九问：未成年人教唆他人实施侵权行为是否应承担责任？

要回答这个问题，首先应当理解何为教唆。教唆是指通过刺激、引诱、怂恿等方式引导他人做出某种行为。在校园伤害中，不乏一些自己躲在他人身后，唆使他人做出侵权行为的群体。对于此类教唆他人实施侵权行为的未成年人群体，《民法典》规定了如下责任承担方式：一方面，若未成年人所教唆的对象是未成年人，则教唆人直接承担侵权责任，换言之，在此种情况下，应由教唆人的监护人承担侵权责任；另一方面，对于被教唆而做出侵权行为的未成年人，如果其监护人失职失责，则也应当承担相应的责任。

第十问：未成年人共同实施侵权行为时，应如何明确责任分配？

根据《民法典》第1168条的规定，共同实施侵权行为给他人造成损害的，实施侵权行为的人需要承担连带责任。具体到本问，即未成年人作为无民事行为能力人或者限制民事行为能力人，相关侵权行为的法律后果应由其监护人承担。因此，在本问所涉情况下，应由实施侵权行为的未成年人的监护人对损害承担连带责任。

二、案例学习

（一）上课受伤：体育课上意外受伤，责任由谁承担？

1. 事件经过

正正和典典都是中学生。上体育课时，正正与典典一起参加了羽毛球的训练活动，在正常挥拍的过程中，典典的羽毛球拍碰到了正正的嘴巴，导致正正的一颗牙齿当场脱落。事后查明，该运动场地内无老师巡逻监管。该中学向某保险公司投保了校方责任险。[①]

（图：王嘉胤）

2. 事件评析

首先，需要明确的是，正正是否需要自负其责，即该事件中可否适用自甘风险规则。作为中学生，正正和典典都是八周岁以上的未成年人，即限制民事行为能力人。羽毛球训练是与该年龄段的未成年人的年龄、智力相适应的体育活动，因此，正正和典典应当对正常体育训练中可能产生的风险有正常的认知。对于正常训练过程中的损害，属于意外事件，不应由典典承担责任。其次，需要明确的是，学校作为活动组织者，是否需要承担责任。经法院审理查明，该体育训练场地没有老师进行巡逻监管，因此，学校在此问题上具有管理上的过失，应当就己方过失承担民事责任。最后，因学校已向保险公司投保，故保险公司应在保险期间与投保额度内就正正的损失进行赔付。

---

① 该事件改编自真实案例，详情请参见吉林省长春市双阳区人民法院，（2023）吉 0112 民初 656 号民事判决书。

（二）嬉戏致残：课间嬉戏受伤，责任由谁承担？

1. 事件经过

在一所私立中学，民民在课间休息时找正正玩耍，正正将民民抱起来后，转身放下，动作幅度较大，导致民民背部受伤。该校教师通知民民家长后，家长将其接走并于三日后送去医院进行诊疗。在治疗过程中，经过司法鉴定，民民被确定为十级伤残。据悉，校方向保险公司投保了校方责任保险。

（图：王嘉胤）

2. 事件评析

未成年人在课间休息时进行交流与玩耍属常见情形。一方面，作为侵权行为人，即正正作为实施侵权行为的一方，需要就自己的行为承担不利后果。但鉴于正正是限制民事行为能力人，因此，相关的侵权责任应当由其监护人承担。另一方面，校方应当采取一定的举措保证课间休息活动有序、健康。因此，就本事件而言，若校方未能举证证明己方在课间休息活动的管理上有积极的举措，则应当承担部分责任；在校方投保了责任保险的情况下，应根据保险合同的约定，由保险公司在约定的范围内进行赔付。①

（三）牙齿脱落：跑步途中发生意外，牙齿被撞脱落，可否自由约定责任分担？

1. 事件经过

民民和典典均为小学生。某日，民民和典典约定在课余时间去打球。跑

---

① 改编自真实案例，详情请参见河北省沧州市中级人民法院，（2019）冀 09 民终 4495 号民事判决书。

步途中，民民突然停下，导致典典避让不及将民民撞倒，民民跌倒并磕掉一颗牙。事后，民民和典典的监护人在学校的调解下达成协议，协议约定，典典的监护人将承担民民的治牙费用，同时，因为民民年龄尚小不符合种植牙的条件，所以双方约定，待民民年满十八周岁符合种植牙条件之后，典典将继续承担民民的种植牙费用。①

（图：王嘉胤）

2. 事件评析

本案中，因双方当事人的监护人在事后已经签订协议，本着尊重意思自治的原则，《民法典》对于经过双方签字后生效的合同（协议）的法律效力予以认可。双方在协议中既然已经就责任的分配作出约定，那么可视为双方已经就此事的法律后果充分表达了意见并就问题的处理达成了意思的合致。除非该协议满足《民法典》所规定的合同无效的情形，否则该协议具有法律效力，双方应当按照该协议的内容进行履行。《民法典》中，合同无效的常见情形有：无民事行为能力人实施的行为；违背公序良俗的约定；违反法律的强制性规定的行为；双方在虚假的意思表示下做出的行为；双方恶意串通损害他人合法权益的行为。

（四）文具致伤：课间休息时小学生用文具打闹发生意外伤害，责任由谁承担？

1. 事件经过

民民与典典都是六周岁的小学生。某日，课间休息时，典典误将三角尺戳到民民的眼睛部位，造成其眼睛受伤。经过医生诊断，民民的眼睛为左眼球破裂

---

① 改编自真实案例，详情请参见山东省济宁市中级人民法院，（2020）鲁08民终5429号民事判决书。

伤，花费甚巨。①

2. 事件评析

此事件的主要责任人是实施侵权行为的典典。典典虽然年仅六周岁，但三角尺属于硬物，用三角尺戳人的身体会发生伤害属于该年龄段未成年人的认知范围。因此，典典在此事件中有过错。但鉴于典典

（图：王嘉胤）

是无民事行为能力人，不具有承担责任的能力，因此，侵权责任由其监护人承担。此外，课间休息时间与课堂时间一样，应当属于学校管理的范围之内。因此，在课间休息环节，学校应采取举措防范伤害事件的发生。本事件涉及的是小学生，相较于中学生，小学生在打闹过程中更容易发生伤害事件是学校作为教育机构应当预见的情况。因此，学校应当采取必要的举措进行防范与管理。若学校没有采取相应举措，则同样需要承担责任。

（五）课外辅导：高中生在课外辅导班学习的过程中发生伤害，责任由谁承担？

1. 事件经过

民民与典典都是高中生。为了提高数学成绩，民民和典典报名参加了王某开设的校外辅导班。某日，该班在一学员家中授课，开课途中，因授课教师王某口渴，要求学员为其取饮料。其间，民民和典典因为一瓶酸奶是否过期发生争

（图：王嘉胤）

---

① 改编自真实案例，详情请参见河南省永城市人民法院，（2022）豫 1481 民初 747 号民事判决书。

执，在民民取酸奶的过程中，典典扭转民民的左手腕，导致民民从凳子上滑落到地上，趴在地上无法站立。其后，王某通知了民民父母将其接走看病。民民随后被医院诊断为骨折。①

2. 事件评析

首先，需要根据年龄明确本事件中未成年人的法律身份。民民和典典作为高中生，是八周岁以上的限制民事行为能力人，已经具备判断行为性质以及预测行为后果的能力，能够预见故意扭转他人手腕可能对他人产生的损害，因此，典典需要为自己的行为承担侵权责任。但因其是限制民事行为能力人，故根据《民法典》的规定，由其监护人承担责任。其次，本事件中的授课教师在事件发生过程中全程在场，事前没有及时阻止学员之间的争论，事后没有第一时间将学员送往医院或联系医院进行医疗救治，存在过错。综上，典典的监护人应承担主要责任，授课教师王某应承担次要责任。

（六）教唆暴力：在学校教唆他人实施校园暴力，造成他人损害，责任由谁承担？

1. 事件经过

民民与典典均就读于某初中。某日，民民向典典索要饭卡使用，典典拒绝。其后数日，民民向正正等同学提议，要"吓唬"一下典典。次日，正正约上其他同学，将典典带到该校厕所内进行殴打，导致典典受伤。在殴打事件发生前，民民对此事不知情。随后，典典回

（图：王嘉胤）

---

① 改编自真实案例，详情请参见吉林省白山市中级人民法院，（2022）吉06民终500号民事判决书。

到教室上课，被任课教师发现异常后送往医院治疗。医院诊断为视网膜脱离、左眼球挫伤等；后经司法鉴定中心鉴定为十级伤残。①

2. 事件评析

在前文"基础十问"部分"第九问"的回答中，已对未成年人教唆他人实施侵权行为的责任承担进行了解答。此处结合本事件进行分析：其一，民民属于教唆人，虽然民民未实际参与殴打行为，但其"提议"是殴打行为发生的主要原因，因此，民民需要就自己的教唆行为承担侵权责任，但因其是限制民事行为能力人，故由其监护人承担责任；其二，正正等人属于侵权行为人，共同参与了侵权行为的未成年人均应就自己的过错承担共同侵权责任，同理，因正正等人均为限制民事行为能力人，故均由其监护人承担责任；其三，学校作为管理机构，在预防暴力事件上应具有前瞻性，并应在校园管理中积极采取有效措施予以防范，如果此事件中校方存在失责的部分，也应对典典的损害承担侵权责任。

三、知识自测

（一）思考题

典典与民民是就读于同一所小学的不满八周岁的学生，下午课间休息时，民民在教室前走廊正常行走，在毫不知情的情况下，被典典从后面推倒，倒地后伤及牙齿。

问：民民应如何寻求救济？

------- 答案及解析 -------

答案：民民可请求典典承担侵权责任。

解析：根据《民法典》的规定，典典属于无民事行为能力人，其所实施的侵权行为的责任应由其监护人承担。民民的监护人可就以下事项请求救济：民民的医疗费、护理费、营养费、因康复需要支出的合理费用等。此外，

① 改编自真实案例，详情请参见山东省莒县人民法院，（2017）鲁1122民初1180号民事判决书。

如果典典的行为对民民的心理健康造成严重影响，则在经过鉴定之后，民民的监护人还可就民民的精神损害请求救济。

（二）判断题

民民与正正是某高中的学生，均为十六周岁。正正因父母离异，无人照管，性格急躁易怒。某日，正正因与民民发生矛盾，便召集了同班同学典典和准准，一起去找民民理论，当晚9时左右，三人将民民带到宿舍，轮番掌掴民民、拿拖鞋扇民民脸部，并用矿泉水浇民民的头部。

问：在这起校园伤害事件中，正正、典典、准准都应承担责任吗？

—— 答案及解析 ——

答案：正正、典典和准准均应就民民所受损害承担连带责任。

解析：此事件属于典型的未成年人共同实施侵权行为。前文在未成年人共同侵权部分已阐述，共同实施侵权行为给他人造成损害的，实施侵权行为的主体需要承担连带责任。因此，本事件中实施侵权行为的正正、典典和准准需要就民民所受损害承担连带责任。但因正正等三人均为限制民事行为能力人，故侵权责任由各自的监护人承担。

四、本章相关法条

《民法典》第二十七条
《民法典》第三十四条
《民法典》第一千零五十八条
《民法典》第一千一百六十八条
《民法典》第一千一百六十九条
《民法典》第一千一百七十六条
《民法典》第一千一百七十九条
《民法典》第一千一百八十三条
《民法典》第一千一百八十八条
《民法典》第一千一百九十九条
《民法典》第一千二百条

第四章
未成年人遭受校园欺凌怎么办?

一、基础十问

第一问：什么是校园欺凌？

校园欺凌通常发生在学生之间，是指一方对另一方反复持续施加的暴力行为，该暴力行为既可能是单独实施，也可能是数人共同实施。暴力行为的表现方式不一，包括通过肢体施加的暴力、通过言语施加的暴力，以及通过孤立等社交方式施加的暴力等。从民法的视角看，校园欺凌是民事侵权行为，对被欺凌者的人身权和财产权均产生了不同程度的损害，欺凌者即侵权行为人需要就损害的发生或扩大承担侵权责任。

第二问：常见的校园欺凌有哪些？

常见的校园欺凌现象体现为身体上的欺凌行为和心理上的欺凌行为。前者主要是欺凌者凭借人数优势、力量优势、身高优势对弱小者、弱势者实施的身体层面的伤害行为，包括但不限于对被欺凌者的身体权、健康权造成的损害；后者主要是欺凌者凭借心理优势、社交优势对弱小者、弱势者实施的心理层面的伤害行为，包括但不限于联合多人孤立被欺凌者、给被欺凌者起带有侮辱性的绰号、针对被欺凌者编造谣言并散布等行为（见表4）。

表 4　校园欺凌的常见类别

类别	常见行为
人身欺凌	推撞、绊倒
财产欺凌	毁损财物、索要钱财
言语欺凌	起侮辱性绰号等
社交欺凌	拉帮结派进行社交孤立
网络欺凌	在网络上散播谣言、泄露个人信息等

第三问：校园欺凌通常会涉及哪些主体？

《中华人民共和国未成年人保护法》（以下简称《未成年人保护法》）第130条对学生欺凌的概念作出了明确规定，将其界定为发生在学生之间的伤害行为。因此，校园欺凌直接涉及的主体为学生群体。但是，从间接意义上讲，校园欺凌也涉及学生的监护人群体，以及学校等教育机构。因为监护人负有教育、约束未成年人，令其勿伤他人的职责；学校等教育机构负有建立校园欺凌防控制度等教育、管理的职责。

第四问：校园欺凌是对哪些民事权利的侵害？

校园欺凌主要是通过肢体、语言、网络等方式对被欺凌者实施欺压、侮辱，对他人的身体、精神造成伤害的行为。根据欺凌者行为方式的不同，被欺凌者的生命权、身体权、健康权、名誉权、隐私权、财产权均会受到不同程度的侵害。例如，欺凌者对被欺凌者实施殴打行为会侵害被欺凌者的身体权和健康权，甚至会侵害其生命权。又如，欺凌者对被欺凌者实施勒索钱财的行为会侵害被欺凌者的财产权。再如，欺凌者通过网络散布关于被欺凌者的谣言，还会侵害被欺凌者的名誉权和隐私权及个人信息上的合法权益。

第五问：欺凌者应承担哪些民事责任？

校园欺凌属于侵权行为，欺凌者作为侵权行为人应当对被欺凌者的人身损害承担侵权责任。根据《民法典》第1179条的规定，欺凌者应就被欺凌者所遭受的人身损害进行赔偿，赔偿事项包括被欺凌者因治疗和康复而产生的医疗费、护理费、交通费、营养费、住院伙食补助费等合理费用，以及对被欺凌者的监护人因照顾被欺凌者所致的误工费。值得注意的是，如果校园欺凌的欺凌者是未成年人，则应由其监护人承担侵权责任。

第六问：被欺凌者享有哪些权利？

如果欺凌行为持续存在，危及被欺凌者的人身安全与财产安全，则被欺凌者有权向人民法院请求，要求欺凌者停止侵害、排除妨碍、消除危险、赔偿损失。如果欺凌行为已经结束，则被欺凌者享有依法追究欺凌者的法律责任的权利，并向人民法院请求救济，要求欺凌者就人身损害、精神损害进行赔偿，以及就欺凌行为所造成的负面影响要求欺凌者消除影响、恢复名誉、赔礼道歉。

第七问：未成年人遭受校园欺凌如何寻求救济？

一方面，根据《民法典》第181条和第182条的规定，未成年人在遭遇校园欺凌的过程中，当欺凌者的行为对自己的生命造成正在发生的危险时，可以采取正当防卫和紧急避险。另一方面，未成年人可以通过报警或起诉等方式寻求公力救济，并且需要注意的是，根据《民法典》第187条的规定，欺凌者对民事责任的承担与对刑事责任的承担不相冲突，当其财产不足以同时支付因民事责任和刑事责任所产生的赔偿时，应优先用于承担民事责任。

第八问：发生校园欺凌事件的教育机构是否应当承担责任？

此问题应分情况回答：情况A，发生校园欺凌事件的教育机构是幼儿园等为低龄幼儿开设的机构；情况B，发生校园欺凌事件的教育机构是小学等为大龄儿童开设的机构；情况C，发生校园欺凌事件的教育机构是中学等为未成年人开设的机构。在情况A中，因为所涉幼儿均为不满八周岁的未成年人，均属于无民事行为能力人，所以，根据《民法典》第 1199 条的规定，教育机构需要为校园欺凌事件承担责任，除非教育机构能够举证证明已尽到教育、管理的职责。在情况 B 中，情况较为复杂，因为小学既包括不满八周岁的未成年人，也包括八周岁以上的未成年人，即既有无民事行为能力人，也有限制民事行为能力人。在发生校园欺凌事件之后，应根据欺凌事件所涉主体的法律身份进行判断：情况 B1，若欺凌事件发生在不满八周岁的小学生之间，则此处的回答同情况 A；情况 B2，若欺凌事件发生在八周岁以上的小学生之间，则教育机构在有过错的情况下，即没有尽到教育、管理职责的范围内承担侵权责任。在情况 C 中，因为所涉学生均为八周岁以上的未成年人，所以教育机构在有过错的情况下承担责任（见表 5）。

表 5　校园欺凌发生后教育机构责任承担情况

情况	类型	责任承担	免责事由
A	幼儿园	推定担责	已尽教育、管理职责
B1	小学	推定担责	已尽教育、管理职责
B2	小学	过错担责	没有过错
C	中学	过错担责	没有过错

第九问：教育机构应如何防范校园欺凌事件的发生？

根据《未成年人保护法》第 39 条的规定，教育机构应从如下角度着手，有效防范校园欺凌事件。第一，预防层面，教育机构应建立校园欺凌防控工作制度，对学生和教职员工定期开展教育与培训，对有关法律常识进行普及。第二，惩治层面，教育机构应当及时制止欺凌行为，并在欺凌行为的认定与处理的过程中通知欺凌者和被欺凌者的监护人共同参与；对于严重的欺凌行为，应及时报告公安机关与教育行政部门。第三，关怀层面，教育机构应联合学生家长，对欺凌者进行管教、对被欺凌者进行心理辅导。

第十问：监护人应如何防范校园欺凌事件的发生？

校园欺凌事件通常是持续性的行为，作为监护人，可以从三个方面进行防范。第一，监护人应加强与被监护人的沟通与交流，及时了解未成年人在学校的具体情况，努力识别可能发生校园欺凌的苗头。第二，监护人应加强与教育机构的联系与沟通，及时了解未成年人所在班级的情况。第三，监护人应在日常的家庭教育中与未成年人共同学习相关法律常识，教导未成年人勿伤害他人，以及在发生校园欺凌事件时怎样通过合法的途径保护自己。

二、案例学习

（一）住校患病：住校期间与室友矛盾丛生患抑郁症，所受损害由谁赔偿？

1. 事件经过

民民就读于某县初中并在学校寄宿。在住校期间，民民与室友关系不和睦，原因在于室友曾经因怀疑民民偷拿东西而搜查过民民的包。其后，民民的监护人向班主任反映了相关情况，班主任将民民调换到了其他宿舍。搜包事件发生后一周左右，民民丢失50元钱，怀疑

（图：王嘉胤）

是前室友偷拿，于是再次与前室友发生矛盾，双方在争执的过程中，两位前室友分别对民民做出了扇耳光的行为。班主任得知此事后，对两位扇民民耳光的前室友进行了批评教育。后因疫情暴发，学校停课，民民每日在家哭泣，精神状态很差。民民父母将其带至医院进行检查，诊断结果为：民民患有重度抑郁症。①

2. 事件评析

在该事件中，"扇耳光"的行为已经构成肢体上的校园暴力，属于校园欺凌。就民民的两位前室友而言，扇耳光的行为是侵权行为，是对民民人格权的侵害，

---

① 改编自真实案例，详情请参见江西省吉安市中级人民法院，（2021）赣08民终2911号民事判决书。

二人应当就此承担侵权责任。此外，作为寄宿制学校，学校在对限制民事行为能力人的管理与教育中，应当更多地关注住宿期间未成年人的身心健康，及时掌握宿舍内部的矛盾并进行提前化解。但是，就侵权责任的构成而言，须同时满足四个要件：存在侵权行为、行为人存在过错、造成了损害的发生、侵权行为与损害后果之间有因果关系。在本事件中，若民民能够举证证明自己的精神损害与前室友的行为之间存在因果关系，则两位前室友均应承担侵权责任；若民民能够举证证明学校作为教育机构未充分履行管理与教育的职责，则教育机构也应承担相应的侵权责任。

（二）欺凌定责：校园欺凌者可否以"尚未成年"为由逃脱法律的制裁？

1. 事件经过

2017年2月，未成年人民民伙同另外四名女生，在学校女生宿舍楼内，无故殴打、辱骂另外两名女生，并将一名女生的衣服脱光后进行羞辱。民民等人在殴打、辱骂、羞辱他人之后，将其所拍摄的视频在自己的微信群内进行了小范围传播，造成了极其恶劣的影响。①

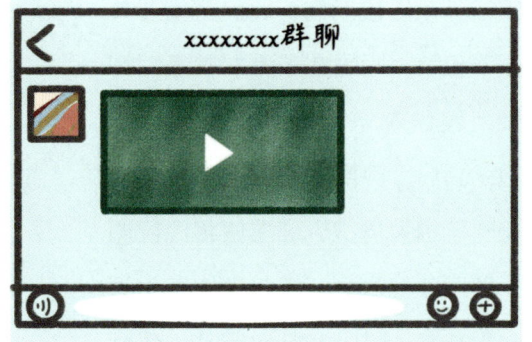

（图：王嘉胤）

2. 事件评析

从民法视角观察，在该事件中，民民等人的行为已经构成校园欺凌，属于侵权行为，应当承担侵权责任。首先，殴打行为侵害了他人的身体权与健康权，辱骂及脱衣羞辱等行为侵害了他人的名誉权，将含有他人肖像与隐私部位的信息进行录制并传播的行为侵害了他人的肖像权、隐私权。其次，即便民民等人是未成年人，属于限制民事行为能力人，但其对于殴打、辱骂、羞辱他人的行为会导致

---

① 改编自新闻报道，详情请参见沈林：《5名少女因欺凌同学被判有期徒刑，未成年不再是躲避刑罚的保护伞》，搜狐网，https://www.sohu.com/a/202340694_318740，访问日期：2023-9-20。

的后果已经能够形成自己的判断，在明知不应为而执意为的情况下，行为人具有主观过错。最后，此事件中民民等人构成共同侵权，应当由其监护人承担民事责任。并且，民事责任的承担不影响民民等人承担刑事责任。

（三）自卫致损：被欺凌者若因自卫反击造成他人损害，是否需要承担责任？

1. 事件经过

初中生民民和典典就读于某中学。某日，课间休息期间，民民与典典因琐事发生纠纷。其后，民民在学校操场附近遇到典典的时候，多次推搡典典。典典最开始没还手，后在民民再次推搡之下向后挥拳，不慎击中民民的眼睛。民民到医院治疗后，经司法鉴定所鉴定为十级伤残。①

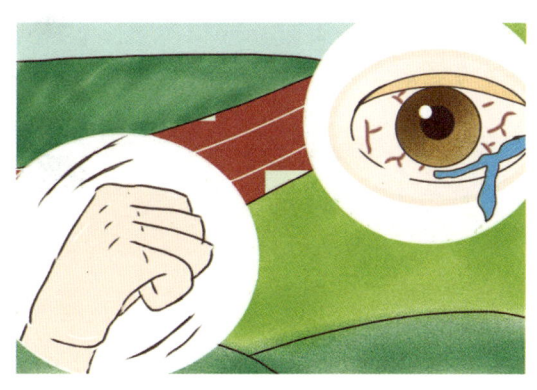

（图：王嘉胤）

2. 事件评析

首先，需要明确涉案当事人的法律身份。民民和典典作为初中生，均属于八周岁以上的未成年人，即限制民事行为能力人。其次，作为限制民事行为能力人，应当能够约束自己的言行，并能够预见自己的行为可能产生的后果。民民多次推搡典典的行为构成校园欺凌，应当被制止。最后，典典虽是对民民推搡的行为的还击，但还击的部位是面部，造成了民民的损害。因此，本事件中典典的挥拳行为构成侵权行为，其应当承担侵权责任。但是，需要注意的是，民民本人是损害发生的主要原因，也需要对自己的损害承担责任。综合本事件的情况，民民应对自己的损害承担主要责任，典典对民民的损害承担次要责任。

---

① 改编自真实案例，详情参见山东省威海市中级人民法院，（2021）鲁10民终374号民事判决书。

(四)绝望身亡：被欺凌者绝望身亡，责任应当由谁承担？

1. 事件经过

民民是一位十六周岁的高中一年级学生，在寄宿制学校就读。某日，民民遭到同校学生正正的无端殴打，致使其睾丸受到严重伤害，不得不做手术进行部分切除。四个月后，民民因难以忍受身心巨创而自杀身亡。①

(图：王嘉胤)

2. 事件评析

从民法视角观察，该事件中涉及的责任主体有两方：欺凌者正正和寄宿学校。就前者而言，正正作为高中生，对于自己所实施的暴力行为的非法性、暴力行为实施部位的关键性以及暴力行为的后果属于应知、明知的状态，明知该行为与该程度的施暴会给他人造成严重身心伤害却依然实施，具有极大的主观过错，符合侵权责任的构成要件，应当承担侵权责任。就后者而言，作为寄宿制学校的教育管理方，应当根据未成年人身心发育的特点制定防范校园欺凌行为的管理制度，并进行有效实施。即便是在课间休息期间，学校也应采取有效措施监管可能发生、正在发生的暴力行为，因此，学校对此事件也负有侵权责任。

(五)团体欺凌：宿舍内多次发生校园欺凌事件，责任由谁承担？

1. 事件经过

民民与典典均为十六周岁的某职业学校的学生。某日，民民与典典发生矛盾，民民遂召集正正等两位同学，去宿舍找典典理论。在宿舍内，民民、正正等

---

① 改编自新闻报道，详情请参见那日苏：《私立学校学生自杀 法院判学校赔14.3万元》，新浪网，https://news.sina.com.cn/s/2001-07-26/312906.html，访问日期：2023-9-20。

三人轮流掌掴典典，用拖鞋抽打典典脸部，并用矿泉水浇典典的头部。次日，民民等三人再次掌掴典典。第三日，民民等三人第三次掌掴典典。①

2. 事件评析

第一，民民等人的校园欺凌行为属于民事侵权行为，符合侵权责任的构成要件，民民等人应当承担侵权责任。第二，作为八周岁以上的未成年人，民民等人是限制民事行为能力人，应由其监护人承担侵权责任。第三，学校对于此事件的发生亦有过错，对于在宿舍内发生的校园欺凌事件，属于应当识别、发现、制止的范围。因此，学校也需要就未尽教育、管理职责的部分承担侵权责任。

（图：王嘉胤）

三、知识自测

（一）问答题

某高级中学的学生民民和同班的三名同学，孤立同寝室的准准，并长期多次无故殴打、辱骂准准。其间，民民等四人脱掉准准的衣服进行羞辱、殴打并录像，事后将视频上传至网络并进行言语辱骂。

问：民民等四位同学应当承担什么责任？

答案及解析

答案：民民等四位同学的行为构成侵权行为，应依法承担侵权责任。

解析：对准准所受人身损害而言，民民与参加欺凌的三位同学应当赔偿

---

① 改编自新闻报道，详情请参见王宪、薛怡：《以案说法丨校园霸凌非小事 不是所有的伤害都能被原谅！》，南阳市中级人民法院网站，https://nyzy.hncourt.gov.cn/public/detail.php?id=29357，访问日期：2023-9-20。

医疗费、护理费、交通费、住院伙食补助费等准准为治疗和康复而支出的合理费用。如果民民等四位欺凌者没有财产支付，则由其监护人赔偿。此外，民民等四位欺凌者如果对准准造成了严重的精神损害，则准准可以请求精神损害赔偿，并且要求其承担消除影响、恢复名誉、赔礼道歉等责任。

（二）辨析题

校园欺凌行为只会发生在校园内。这句话表述的内容对吗？

------ 答案及解析 ------

答案：不对。

解析：校园欺凌行为是指发生在学生之间的一对一的欺凌行为，或者多对一的欺凌行为。该欺凌行为之所以被命名为校园欺凌行为，不仅是因为该类行为通常发生在校园内，还因为该类行为所涉主体是在校学生。因此，校园欺凌行为也会发生在校园外，例如，在上学或放学的途中，也容易发生校园欺凌行为，出现部分学生利用自己的身高优势、力量优势、人数优势对弱小者实施侵害的现象。

四、本章相关法条

《民法典》第一百零九条　　　　《民法典》第一千一百六十七条

《民法典》第一百八十一条　　　《民法典》第一千一百七十九条

《民法典》第一百八十二条　　　《民法典》第一千一百八十三条

《民法典》第一百八十七条　　　《民法典》第一千一百八十八条

《民法典》第九百九十条　　　　《民法典》第一千一百九十九条

《民法典》第九百九十一条　　　《民法典》第一千二百条

第五章
未成年人进行校园贷怎么办？

一、基础十问

第一问：什么是校园贷？

校园贷源于对借贷主体与借贷特征的描述，通常是指在校大学生出于消费、创业等目的向金融机构或借贷平台借款的行为。从性质上来说，校园贷属于民间借贷的范畴，应当受到民间借贷相关法律规定与司法解释的约束。需要注意的是，校园贷不一定是非法的，也有持牌金融机构针对在校大学生开发的合法借贷项目。正因如此，原银监会、教育部、人力资源和社会保障部曾于2017年5月联合发布《关于进一步加强校园贷规范管理工作的通知》中明确表示，要"疏堵结合，维护校园贷正常秩序"。

第二问：未成年人的校园贷有法律效力吗？

对不满八周岁的未成年人而言，一般情况下不会发生校园贷，此处略去对该类群体相关行为法律效力的讨论。对八周岁以上的未成年人而言，由于校园贷主要针对的是在校大学生，因此需要分情况讨论。情况一：借贷人尚未年满十八周岁。此时，该借贷人是限制民事行为能力人，只能独立实施与其年龄、智力相适应的民事法律活动或者是纯获利益的活动，其他活动需要得到其法定代理人的同意、追认。因此在校园贷的过程中，借贷行为的效力待定，需要等待其法定代理人的意思表示的肯认才会生效。情况二：借贷人是十六周岁以上能够以自己的劳动收入为主要生活来源的未成年人或者十八周岁以上的成年人。此时，该借贷人被视为完全民事行为能力人或者具有完全民事行为能力，能够独立实施民事法律活动，因此其借贷行为有效。

第三问：校园贷中涉及哪些法律关系？

首先，在借贷机构或借贷平台与借贷人之间，形成债权债务关系，其中，借贷机构（平台）是债权人，借贷人是债务人。其次，在借贷机构（平台）与抵押人之间，形成抵押法律关系，其中，借贷机构（平台）是抵押权人，出具抵押物的主体是抵押人。

第四问：不良校园贷中容易涉及对哪些民事权利的侵害？

在正常的民间借贷中，不会发生对民事权利的故意侵害。但是，在不良校园贷中，根据已有新闻报道，非法的催债方式通常会导致债务人的民事权利受到侵害。例如，债权人可能会采取擅自披露债务人隐私、债务人个人信息、债务人家人隐私、债务人家人个人信息等方式造成债务人隐私权与个人信息的被侵害。又如，债权人可能会采取限制人身自由、殴打等方式导致债务人身体权与健康权被侵害。

第五问：校园贷是否需要如约偿还？

作为民间借贷的一种，校园贷的双方主体之间形成了债权债务关系。债务人应当依法对所欠债务进行偿还，这也是民法对于意思自治的尊重。但是，需要注意的是，即便是意思自治，如果超出了法律允许的范畴，也会受到国家干预。例如，根据《最高人民法院关于审理民间借贷案件适用法律若干问题的规定》第25条，如果双方约定的借贷利率超过了合同成立时中国人民银行授权全国银行间同业拆借中心自2019年8月20日起每月发布的一年期贷款市场报价利率

（LPR）的 4 倍，则超出部分无法得到司法保护。

第六问：未成年人应如何识别不良校园贷？

不良校园贷通常利用对方的涉世未深且轻率无经验来开展业务。常见的不良校园贷有如下类型：培训贷、美容贷以及兼职贷。其中，培训贷是以"培训"为中心，由借款人从借贷平台进行借款，将所借款项用于购买培训机构的课程，并承诺其后会以奖学金的方式将学生缴纳的培训费予以返还；美容贷是以"美容"为中心，针对借款人想要做美容的心理，引诱借款人在借贷平台上高息借款；兼职贷是以"兼职"为中心，利用借款人想要做兼职补贴生活开支的心理，引诱借款人在借贷平台上高息借款。不良校园贷的形式难以逐一列举，但究其本质，即通过利用借款人急需用钱的心理，引诱其签订相关合同。因此，在识别上，应尤其注意观察借贷平台是否具有资质，以及借贷条款中关于利息的约定是否符合法律规定。

第七问：在不良校园贷的过程中，如果发生暴力催债，如何维权？

暴力催债所涉及的是催收人对债务人及家人的生命权、身体权、健康权的侵害。一旦遇到暴力催债，首先，未成年人应注意在保证人身安全的前提下进行取证，通过照片、录音、视频等方式保留与暴力催债相关的证据，以及个人因此遭受损害的证据。其次，应及时报警，向学校、监护人、家长求助。最后，针对权利被侵害的事实，未成年人可以向人民法院请求救济，要求催收人对暴力催收所导致的损害进行赔偿。

第八问：在不良校园贷的过程中，如果发生私密信息的传播，如何维权？

首先，需要树立的正确理念是：一旦发生类似行为，自己的隐私权、个人信息遭受了侵害，则权利人有权就自己的私密信息被散布的行为追究散布人的法律责任。其次，需要知晓的是：在已经被新闻报道的不良校园贷类型中，不乏部分不良校园贷要求借款人以自己的私密照片、私密信息作为"抵押",该要求因违反公序良俗而无效。最后,未成年人一旦遭遇类似事件,应主动向公安机关、司法机构求助,避免债权人利用债务人惧怕他人知晓的心理,实施进一步的非法行为。

第九问:不良校园贷发生后,教育机构应承担什么责任?

首先,从民法视角观察,不良校园贷发生后,可能会发生校园伤害事件。例如,债权人可能会追至校园进行暴力催债,从而造成对未成年人人身权的侵害。对此,如果教育机构未尽到教育、管理职责,应承担侵权责任。其次,根据原银监会、教育部、人力资源和社会保障部联合发布的《关于进一步加强校园贷规范管理工作的通知》的要求,教育机构应在日常教学活动中加强教育引导,建立排查整治机制,建立应急处置机制,做好学生资助工作。未尽到前述职责的,属于未尽到教育、管理的职责,应承担法律责任。

第十问:如果被他人冒用名义申请校园贷,怎么办?

一旦发现自己的个人信息被冒用于申请贷款之后,未成年人应及时通知监护人,并立即向公安机关报案。在公安机关查明事实之后,应由实际借款人对相关款项进行偿还。同时,被冒用名义用于借贷的未成年人还可就姓名权被侵害的事实起诉冒用人,向人民法院请求救济。

二、案例学习

(一)校园贷的偿还:初中生借了校园贷,监护人可以拒绝代为偿还吗?

1. 事件经过

十四周岁的正正在市里的寄宿制学校读书,父母因在外务工无法照顾其起居,遂每月给正正转账1000元用于零花。某日,正正偶然接触到一款网络游戏,遂沉迷其中。为了在服务器内排名靠前，正正花了很多钱购买游戏装备。在花掉所有零花钱后，正正不敢让父母知晓。某日，正正发现校门口有人发宣传单，上面写着可以快速借款。于是，根据宣传单上的指引，正正成功地以自己的名义借到了5000元，花完钱后不久，正正

（图：王嘉胤）

的手机就收到了催款短信，要求正正在一个月内偿还本金及利息1万元。

2. 事件评析

正正作为十四周岁的未成年人，属于限制民事行为能力人，能够独立实施纯获利益的行为或者与其年龄、智力相适应的行为。在此事件中，正正虽然能够对钱款数量、钱款用途有明确的认知，但是，作为涉世未深的未成年人，其对于民间借贷的利率高低、还款行为的法律性质等均不了解。因此，正正的监护人可以就此法律行为进行追认或拒绝追认。若正正的监护人追认，则监护人代为还清相关款项及利息；若正正的监护人拒绝追认，则监护人需要偿还正正从他人处借到的本金。

（二）校园贷的担保：私密照片可以用于"担保"校园贷吗？

1. 事件经过

民民是一名十七周岁的大学生，其十分喜欢某款奢侈品，但父母平时所给的生活费不足以购买该款奢侈品。于是，民民选择了校园贷。在校园贷的过程中，借贷平台要求民民手持证件拍摄私密照片作为"担保"，民民因迫切想要购买

（图：王嘉胤）

该款奢侈品，故按照借贷平台的要求进行了操作。其后，因借贷利率过高，民民无法按期偿还，平台于是以散布私密照片为由对民民进行威胁，要求其立即偿还，否则将亲友尽知。①

2. 事件评析

正如前文在"基础十问"部分"第八问"中的回答，私密照片的传播、私密照片被用于抵押与校园贷是不同的法律关系，需要树立正确的理念。首先，私密照片的传播属于对他人隐私权的侵害，受损害方可以就此起诉传播方，要求其承担停止侵害、赔偿损失等法律责任。其次，私密照片不能被用于抵押，因为私密照片与人格尊严紧密相关，不具有可抵押性。最后，校园贷发生过程中，债务人固然应当依法还款，但还款方式应当是在合法的范围内，债权人若利用获取的私密照片进行威胁，则已经超出了法律允许的范围。

（三）假冒他人借贷：初中生冒用他人名义进行校园借贷，怎么办？

1. 事件经过

正正是一名十五周岁的中学生，十分喜欢玩网络游戏。某日，正正发现在网络游戏中"氪金"能够快速升级，但是正正的零花钱不足以购买网络游戏中的"大礼包"。于是，正正想到了向他人借款。正正找到了二十三周岁的表哥典典。正正谎称要借用表哥的身份证信息用于游戏认证，表哥信以为真。一个月后，表哥在手机上收到了催缴短信，发现正正用自己的个人信息在某校园借贷平台上借款10000元。

2. 事件评析

根据前文在"基础十问"部分"第十问"中的回答，在个人信息被他人冒用于民间借贷的时候，被冒用人应第一时间向公安机关报案，请求公安机关介入进行调查。在本事件中，正正是未成年人，无法满足该校园借贷平台的借款要求，于是其转而冒用其表哥的名义进行了借款。该借款法律关系是在正正和借贷平台

---

① 改编自新闻报道，详情请参见朗渡：《治理裸贷，除了监管还要遏制"消费女性"的冲动！》，央视网新闻，http://m.news.cctv.com/2016/12/08/ARTIroGXCqFp8W6Dh4jR3XS161208.shtml，访问日期2023-9-21。

之间发生的，表哥无须为自己没有实施的行为承担法律责任。因此，对于正正欠下的款项，应当由其监护人承担。正正的监护人对于正正的借款行为可以选择追认或拒绝追认，若予以追认，则应当如约偿还本金及利息；如拒绝追认，则应当将正正所借本金进行偿还。

三、知识自测

（一）思考题
大学生的日常借贷行为是否必须得到监护人同意才有效？

------ 答案及解析 ------

答案：需要分情况讨论。

解析：十八周岁以上的大学生是完全民事行为能力人，可以独立实施民事活动，自主与持牌金融机构签订借贷合同，具有法律效力。十六周岁以上不满十八周岁的大学生，若以自己的劳动收入为主要生活来源，则可以被视为完全民事行为能力人，可以自主与持牌金融机构签订借贷合同。不满十八周岁并且尚未以自己劳动收入为主要生活来源的大学生是限制民事行为能力人，可以在监护人事前同意或事后追认的情况下与持牌金融机构签订借贷合同。

（二）问答题
不良校园贷可能会侵害哪些民事权利？

------ 答案及解析 ------

答案：生命权、身体权、健康权、名誉权、隐私权、个人信息上的相关权利、物权。

解析：从人身权体系上看，不良校园贷可能会侵害生命权、身体权、健康权、名誉权、隐私权、个人信息上的相关权利。例如，在暴力催债的过程中，可能会危及债务人的生命及身体健康，可能会涉及债权人利用所掌握的债务人的个人信息侵害债务人的隐私权。从财产权体系上看，不良校园贷可能会侵害物权。例如，在催债的过程中，债权人很有可能会要求债务人以市场价值远高于所欠款项金额的财产进行抵债。

（三）判断题

学校对于不良校园贷的发生需要承担责任吗？

------ 答案及解析 ------

答案：学校作为教育机构，需要在不良校园贷的防范与治理上承担教育、管理的职责。

解析：正如前文在"基础十问"部分"第九问"的回答中所述，教育机构应在日常教学活动中加强教育引导，建立排查整治机制，建立应急处置机制，做好学生资助工作。未尽到前述职责的，属于未尽到教育、管理的职责，应承担法律责任。

四、本章相关法条

《民法典》第十八条　　　　　　《民法典》第一千零十二条

《民法典》第十九条　　　　　　《民法典》第一千零十四条

《民法典》第一百零九条　　　　《民法典》第一千零三十二条

《民法典》第一百一十条　　　　《民法典》第一千零三十三条

《民法典》第一百五十七条　　　《民法典》第一千零三十四条

《民法典》第六百六十七条　　　《民法典》第一千零三十五条

《民法典》第六百六十八条　　　《民法典》第一千一百七十九条

《民法典》第六百六十九条　　　《民法典》第一千一百八十三条

篇二

民法典与未成年人家庭生活 50 问

第六章
监护关系中未成年人的权利保护

一、基础十问

第一问：未成年人作为被监护人享有哪些财产权利？

根据《民法典》的规定，从出生时起至死亡时止，民事主体均享有民事权利能力。民事权利能力，指的是享有权利、承担义务的资格。因此，只要是民事主体，从出生起就可以平等地享有权利。作为被监护人的未成年人是自然人，属于民事主体，依法从出生开始享有财产权利，即和成年人一样，享有物权、债权，以及继承权、股权、知识产权中的财产权利。

第二问：未成年人作为被监护人享有哪些人身权利？

根据《民法典》的规定，人身权包含人格权和身份权。人格权是一个人基于自己的人格独立、人格尊严和人身自由享有的权利，例如生命权、身体权、健康权、姓名权、肖像权、名誉权、荣誉权、隐私权以及个人信息受到保护的权利。身份权是一个人基于某种身份关系所享有的权利，例如基于夫妻关系享有的配偶权、基于亲子关系享有的监护权等。作为被监护人，未成年人依法享有上述人身权利。民事权利体系详见表6。

表 6　民事权利体系

权利类型		具体权利
人身权	人格权	生命权、身体权、健康权、姓名权、肖像权、名誉权、荣誉权、隐私权以及个人信息受到保护的权利
	身份权	配偶权等
财产权		物权、债权以及继承权、知识产权、股权中涉及财产的权利

第三问：监护人可以处分未成年人的财产吗？

虽然未成年人年龄较小，需要由监护人抚养、教育、保护，但是其也可以和成年人一样拥有自己的财产。根据《民法典》的规定，监护人只有在为了实现、维护被监护人的利益的情况下才可以处分被监护人的财产，其他情况下都是不能随意处分的。也就是说，作为未成年人，依法可以拥有自己的财产，过年获得的"压岁钱"再也不怕被爸妈"挪用"啦！

第四问：监护人可以替未成年人追究他人的法律责任吗？

当未成年人受到侵害时，其本人可以追究他人的法律责任。不论是不满八周岁的未成年人还是八周岁以上的未成年人，其心智尚在发育中，可能无法理解、认知或者无法完全理解、认知自己的行为及行为后果，需要法定代理人为其代理日常事务。作为法定代理人，监护人的职责之一就是保护未成年人的人身权利、财产权利。因此当未成年人受到侵害时，监护人完全有理由依据法律替未成年人追究他人的法律责任。

第五问：监护权是一项权利吗？

监护权既是一项权利，也是一项义务。根据《民法典》的规定，权利的方面体现在：监护人具有对被监护人的合法权益实施管理和保护的法律资格，即有权对被监护人的人身权益、财产权益以及其他合法权益进行监督、保护。义务的方面体现在：监护人应当根据法律规定履行监护职责，应当按照尊重被监护人的真实意愿以及最有利于被监护人利益的原则进行监护。例如，"未成年人的父母有权决定为了未成年人的利益使用压岁红包"——这是监护人的权利。但是，前提必须是"使用压岁红包有利于未成年人的利益"——这是监护人需要履行的监护义务。

第六问：未成年人的法定监护人由谁担任？

法定监护人即法律直接规定的监护人。根据《民法典》的规定，未成年人的父母是未成年人的法定监护人。但是如果父母已经不在世，或者父母没有能力进行监护（例如因事故丧失生活自理能力），无法对未成年人进行抚养、教育、保护，则第一顺序可以由未成年人的爷爷奶奶、外公外婆来承担监护职责；第二顺序是未成年人有监护能力的哥哥、姐姐，但如果哥哥、姐姐也是未成年人，则不可以作为监护人；如果未成年人没有符合法定监护资格的人，则第三顺序可以由其他愿意承担监护职责的个人或者组织担任监护人，如其他亲友、村委会、居委会等。

第七问：未成年人的父母可以委托他人监护吗？

作为未成年人的法定监护人，未成年人的父母是第一责任人，应当责无旁贷地承担对未成年人进行监督、保护、教育、管理的职责。但是，世事难料，如果未成年人的父母预见到自己可能在很长一段时期内因客观因素无法切实承担监护职责，则可以为了被监护人的利益，通过委托监护的方式，将监护权委托他人行使。但是，根据《民法典》第1189条的规定，即便监护人将监护职责委托给他人行使，一旦被监护人侵害他人权利造成他人损害，监护人依然应当承担侵权责任，与此同时，受托人在监护的过程中如果有过错，则应根据过错程度承担相应的责任。

第八问：监护人的资格可以被剥夺吗？

监护人应当为被监护人的健康成长保驾护航，如果监护人不负责任或者做出损害被监护人利益的事情，那么监护人的资格是可以被剥夺的。根据《民法典》的规定，监护人资格被剥夺的情形有以下四种：第一，监护人实施了严重损害被监护人身心健康的行为，例如，监护人对被监护人实施猥亵等性犯罪行为；第二，监护人不履行监护职责导致未成年人处于危困状态，例如，父母"生而不养"导致孩子无人监护并陷入生存危机；第三，监护人既无法履行监护职责，也未委托他人进行监护，甚至拒绝他人对孩子进行照顾，从而导致未成年人处于危困状态；第四，其他损害未成年人合法权益的情形。此处需要注意的是，即便被撤销了监护资格，原监护人也依法负有支付未成年人抚养费的义务。监护人资格被剥夺、恢复的情形见表7。

表7 监护人资格被剥夺、恢复的情形

监护人资格可被剥夺的情形	是否可恢复		备注
	父母	其他监护人	
监护人实施了严重损害被监护人身心健康的行为	故意犯罪× 其他损害√	×	监护资格的恢复条件： ①依申请； ②尊重未成年人的真实意愿
监护人不履行监护职责，导致未成年人处于危困状态		×	
监护人无法履行监护职责，且拒绝他人监护，导致未成年人处于危困状态		×	
其他情形		×	

第九问：监护人的资格被剥夺后可以恢复吗？

监护资格既可以被剥夺，也可以被恢复，但恢复是有条件的。首先，恢复监护资格的前提是能够意识到自己的错误，并已经为弥补自己的错误做出悔改的行为。其次，如果监护人是因对被监护人实施故意犯罪而被撤销监护资格，则该监护人无法请求恢复监护资格。再次，在申请恢复监护资格后，由人民法院根据具体情况进行判断，主要依据两个原则：被撤销资格的原监护人是否确有悔改表现,以及被监护人是否同意恢复被撤销资格的原监护人的监护资格。最后,需要注意的是,监护资格的恢复不是一经申请就能够得到恢复,而是由人民法院视情况作出决定。此外,当原监护人的资格被恢复后,指定监护人与被监护人之间的关系自动终止。

第十问:未成年人如何面对来自监护人的侵害?

根据《民法典》的规定,监护人负有保护被监护人健康成长的职责。因此,当监护人没有承担自己的监护职责,特别是当未成年人受到来自监护人的伤害时,未成年人应积极向他人寻求帮助。这里的"他人"不仅包括未成年人的其他具有监护资格的亲友,也包括未成年人所在地的居民委员会、村民委员会、学校、医疗机构、妇女联合会、未成年人保护组织、民政部门等有关组织。前述个人与组织在获知未成年人遭受侵害的事实后,可以向人民法院请求撤销监护人的资格。需要注意的是,在前述有关组织中,民政部门负有法律义务,一旦获知相关侵害事实,应当向人民法院申请撤销做出侵害行为的监护人的监护资格。

二、案例学习

(一)铅笔伤眼:未成年人在幼儿园打闹被戳伤眼睛,责任由谁承担?

1. 事件经过

在幼儿园里,典典玩耍时不慎用铅笔戳到民民的右眼,导致民民的右眼受伤。民民经过几次转院治疗,花费了巨额医疗费用但依然没有治愈。经鉴定,民民的右眼为八级伤残。后来,民民的父母将典典及其父母、幼儿园告上法院。法院审理后认为,典典用铅笔戳伤民民眼睛,作为伤害行为的实施者应承担责任,因典典系无民事行为能力人,

(AI作图)

故应由其监护人承担侵权责任；幼儿园未尽到教育、管理、保护职责，对民民所受损伤应承担责任。根据各方的过错程度，典典的监护人应承担50%的赔偿责任，幼儿园应承担50%的赔偿责任。①

2. 事件评析

根据《民法典》的规定，幼儿园的未成年人属于无民事行为能力人，无法自己独立承担责任。如果给他人造成损害，则应由监护人承担侵权责任。在本事件中，典典为伤害行为的实施者，本应当承担侵权责任，但由于其年龄尚小，是《民法典》所规定的无民事行为能力人，故应由其父母承担侵权责任。另外，幼儿园作为教育机构，在教学期间应当承担教育、管理的职责；如果未尽到前述职责，导致小朋友遭受人身损害，则幼儿园也应当承担侵权责任。

（二）学生文身：为未成年人文身，需要承担侵权责任吗？

1. 事件经过

2021年1月，十三周岁的民民与文身店老板熟识后，要求该店老板为自己文身。于是，老板为民民进行了身体的大面积文身，并收取文身费5000元。2021年2月，学校体检时发现了民民身上的文身，及时告知了民民的父母。为避免对民民的求学及今后的就业造成影响，民民父母要求文身店老板为民民清洗文身，文身店老板不愿意。双方协商未果后，民民父母将文身店老板诉至法院，请求文身店老板退还文身费，并赔偿精神损失。②

2. 事件评析

首先，文身店老板存在重大过错，在未核实顾客年龄信息的情况下，为未成年人实施了文身，对未成年人的身体健康产生了不良影响。其次，民民作为十三周岁的未成年人，属于限制民事行为能力人，只能从事与其年龄、智力相

---

① 参见刘华东：《孩子课间受伤，幼儿园"摊上事了"？》，光明网，https://m.gmw.cn/baijia/2020-09/20/34203779.html，访问日期：2023-9-19。
② 参见《未成年人权益司法保护典型案例》，中华人民共和国最高人民法院网站，https://www.court.gov.cn/zixun/xiangqing/347931.html，访问日期：2023-9-19。

适应的民事法律行为或者是纯获利益的民事法律行为，民民很难对文身所可能产生的负面影响作出正确判断。最后，作为超出与年龄、智力相适应的行为，文身需要得到未成年人法定代理人的事前同意或者事后追认，如果法定代理人拒绝追认，则应将事态恢复到未发生的状态。因此，文身店老板应承担"恢复原状"的责任，为民民清洗文身、退还所收取的文身费用，并赔偿民民的精神损失。

（三）直播打赏：小学生看游戏解说直播打赏，父母能要求平台返还款项吗？

1. 事件经过

因父母忙于工作，十周岁的民民一直与外婆共同居住。某日，民民偷偷使用外婆的手机号码注册了某游戏平台的账号，并且在外婆毫不知情的情况下，使用其微信在五日之内先后40次向该游戏平台转账充值，用于购买平台虚拟币、打赏平台上的游戏主播。民民的转账金额达10万余元。民民妈妈发现了民民的行为后，将平台诉至法院，要求平台退款。[①]

2. 事件评析

根据《民法典》的规定，民民是八周岁以上不满十八周岁的未成年人，属于限制民事行为能力人，只能够独立实施纯获利益的行为或者是与其年龄、智力相适应的行为。给直播平台打赏的行为对民民而言既不属于纯获利益的行为，也不符合"与其年龄、智力相适应"的要求。作为小学生，民民既难以获知平台的合法性，也难以获知平台内容的合法性，更难以获知打赏行为的性质。因此，根据《民法典》的相关规定，民民的打赏行为因未得到监护人的追认而无效，监护人可以请求直播平台返还民民擅自支付的款项。此处需要注意的是，监护人的职责不仅体现在代理未成年人实施法律行为，或者是在经济上抚养未成年人，更为重

[①]【以案释法】未成年人5天打赏主播10万，能退吗？法院判了，澎湃网，https://m.thepaper.cn/baijiahao_13390441，访问日期 2023-9-20。

要的是，监护人还负有陪伴、监督、教育、保护未成年人健康成长的职责。因此，监护人在未成年人实施一些交易行为的时候，需要及时发现并给予帮助。未成年人因年龄、认识能力的限制，对社会上的事实缺乏成熟且理性的认知和鉴别的能力，需要在监护人的引导下，逐渐认识世界、认识周围的人与事，然后慢慢对行为的性质、后果形成自己的认识。

（四）监护撤销：父亲被撤销监护资格后，可以申请恢复监护资格吗？

1. 事件经过

民民的母亲在外务工，每年只回家一次，平时民民与其父亲一起生活。但是，民民的父亲望子成龙，经常因民民考试成绩不好而对其拳打脚踢，致其常常带伤上学。长此以往，民民身边的同学、老师、邻居都知晓了此事。民民所在的社区与所就读的学校了解到具体情况后，向当地人民法院申请撤销民民父亲的监护资格。法院调查情况后，指定由民民的外婆担任其监护人。其后，民民父亲深刻认识到自己的错误，经过一段时间的悔改后，其向人民法院提出了恢复自己监护资格的申请。同时，民民也表示愿意原谅父亲之前的错误，并愿意继续与父亲一起生活。最后，法院恢复了民民父亲的监护资格。

2. 事件评析

监护权是权利与义务的综合体。对监护人而言，既要约束未成年人，使其行为符合法律规定与社会正当行为规范，也要约束自己，使自己的行为符合法律的规定与社会的期待。因此，当监护人不履行自己的职责，反而侵害未成年人的合法权益时，人民法院会依申请撤销不履职的监护人的资格，并为未成年人另行指定"靠谱"的监护人。原监护人在深刻反省、确有悔改表现的基础上，可以请求法院恢复监护资格，但同时需要征求、尊重未成年人的真实意愿，以保护未成年人的合法权益。

（五）购买手机：小学生可以用压岁钱买手机吗？

1. 事件经过

民民从小到大备受家人宠爱，每年除夕都会收到来自爷爷奶奶、外公外婆的压岁钱。2023年，民民过完十一周岁生日之后，特别想拥有自己的手机，于是，在放学路上，民民去了手机店，看中了一款手机，找来店员想要购买。店员看民民还是小学生，于是提出，必须由民民的家长带着他来购买。民民回家后，把自己的愿望告诉了父亲，次日，民民父亲带着民民来到店里，用民民攒下的压岁钱购买了手机。

（AI 作图）

2. 事件评析

十一周岁的未成年人是限制民事行为能力人，在法定代理人的同意或者追认的情况下，可以实施民事法律行为。就本事件而言，民民所获得的压岁钱属于其个人财产，虽然民民还不具有独立支配其财产的能力，但能力的欠缺不等于否认民民拥有其财产的权利。因此，在正常诉求的范围内，民民的父亲可以根据民民的意愿代理实施相关行为，为民民购买手机，并从民民的压岁钱中支付相关款项。反之，应注意的是，民民的父母不得为了自己的利益未经民民同意而擅自处分民民的压岁钱。

（六）房产更名：未经未成年人同意，处分未成年人财产，一律无效吗？

1. 事件经过

民民今年十六周岁，在某高中就读一年级。民民的爷爷因患有重病，计划在临终前提前安排自己的财产，在与民民奶奶商量之后，两位老人与民民父母达成协议，将自己目前所居住的房产进行变更登记，从原来的民民爷爷为所有权人变更为民民爷爷和民民奶奶占有 40% 的产权、民民父亲 20% 的产权、民民母亲 20% 的产权、民民 20% 的产权。签订协议三个月后，民民的父母离婚。于是，民民的爷爷、奶奶、父亲、母亲将原有的产权变更协议予以撤销。民民得知后，认为自己的父母侵害了自己本来可以获得的产权份额，遂将其父母诉至法院，请求法院确认撤销协议无效，恢复自己的产权份额。①

2. 事件评析

首先，需要确认的是，民民作为十六周岁的未成年人，是限制民事行为能力人，所实施的纯获利益行为有效。因此，在原来的产权变更协议中，民民所获得的 20% 产权的赠与是有效的。其次，需要明确的是，民民的爷爷、奶奶、父亲、母亲在产权共有协议中，占了三分之二以上的产权份额，根据《民法典》的规定，占共有份额三分之二以上的共有人可以对共有份额进行处分。因此，即便未经过民民的同意，第二次的协议内容依然有效，换言之，针对原共有协议的撤销行为有效。因此，民民无法请求确认撤销行为无效。

（七）半买半送：带有赠与性质的买卖合同，未成年人可以实施吗？

1. 事件经过

典典今年十五周岁，其母亲在一年前去世，典典跟着没有固定收入的父亲生活，生活比较困苦。母亲生前好友目睹此状，想帮助典典，但又怕伤害典典的自尊心，更怕典典养成不劳而获的习惯，于是提出用 10 万元购买典典母亲生前留下的一把价值 1 万元的古琴。典典同意后，双方签订了买卖合同。法官认为：虽此买卖合同看似纯获利益，对典典只有好处没有坏处，但是典典依然负有将古琴交付母亲生前好友的义务。因此该行为并非纯获利益的行为，需要在典典的法定代

---

① 改编自真实案例，详情参见李江峰、姚亚婷：《父母可以"处分"未成年子女的财产吗？》，中华人民共和国最高人民检察院网站，https://www.spp.gov.cn/spp/llyj/202102/t20210203_508333.shtml，访问日期：2023-9-21。

理人的代理下方可发生效力。①

2. 事件评析

未成年人由于年龄、智力的发育不完全，因此仅凭自己难以在复杂的社会中独立生活。在本事件中，典典看似获得巨大的好处，可是其中也有难以预料的风险。因此，法律规定，未成年人实施超出自己能力范围的行为需要由其监护人来代理。一方面，对于八周岁以上的未成年人，自己只能决定"接受赠与"类的纯获利益的行为，无须其监护人代理；另一方面，对于不满八周岁的未成年人，其所有行为都需要监护人代理。这既是对未成年人的保护，也是对交易安全的保障。

三、知识自测

民民今年八周岁，父亲已经去世，母亲健在。父亲留下一处房产。民民的爷爷、奶奶、外公、外婆均想作为民民的监护人，几方诉至法院，法院最后将民民的监护人确定为其母亲张某。张某在获得监护权后脾气变得暴躁，当民民不听话出去乱跑时，张某便将民民用铁链锁在家里并经常对其实施暴力。此外，张某还喜爱投资赚钱，负有高额债务。

（一）思考题

问：法院为什么将监护人确定为张某？

---- 答案及解析 ----

答案：因为未成年人的父母是第一顺位监护人。

解析：根据《民法典》的规定，若未成年人的父母两方或者一方健在，且有监护能力，则父母当然是未成年人的法定监护人。因此，即使案例中有其他亲属想成为监护人，但在张某有监护能力的情况下，也应首先考虑由其

---

① 改编自真实案例，参见王中秋、杨明：《从本案看"纯利益行为"的认定》，中国法院网，https://www.chinacourt.org/article/detail/2012/11/id/788524.shtml，访问日期：2023-9-19。

担任监护人。

（二）判断题

问：根据题目中反映的情况，可否撤销张某的监护资格？

------ 答案及解析 ------

答案：可以撤销张某的监护资格。

解析：根据《民法典》的规定，当监护人实施严重损害未成年人身心健康的行为时，人民法院可以根据有关个人或者组织的申请，撤销监护人的监护资格。本案中，张某将民民用铁链锁在家里并经常对其实施暴力的行为已经严重损害了被监护人的身心健康。民民的其他亲人或者当地村民委员会、居民委员会可向人民法院申请撤销张某的监护资格。人民法院在查实情况后，应撤销张某的监护资格，并为民民指定监护人。

（三）选择题

张某的下列行为中属于履行监护职责的是（　　）

A. 张某让民民自己打工赚钱，用于日常开支

B. 张某将民民父亲的房产拿去抵债

C. 张某为生病的民民支付医疗费用

D. 张某将民民用铁链锁在家里

------ 答案及解析 ------

答案：C

解析：A 选项中，民民为未成年人，应当受到抚养、保护，张某作为监护人，应当抚养、保护、教育民民，为其提供良好的生活环境，令未成年人打工赚钱的行为，违反法律对监护人的职责要求。B 选项中，民民父亲留下

的房产归民民和其母亲共同所有，张某只能为了民民的利益对其财产进行保管、保护，不能任意处分、挪用未成年人的个人财产。C 选项中，张某作为监护人应当抚养、保护未成年人，故张某为民民支付医疗费的行为属于履行监护职责。D 选项中，张某作为监护人，已然实施了侵害未成年人身体权、健康权的行为，是对监护职责的漠视。

四、本章相关法条

《民法典》第十三条　　　　　《民法典》第三十二条

《民法典》第十九条　　　　　《民法典》第三十四条

《民法典》第二十条　　　　　《民法典》第三十五条

《民法典》第二十六条　　　　《民法典》第三十六条

《民法典》第二十七条　　　　《民法典》第三十七条

《民法典》第二十九条　　　　《民法典》第三十八条

《民法典》第三十一条

第七章
收养关系中的未成年人权利保护

一、基础十问

第一问：什么情况下未成年人可以被他人收养？

收养，即收留抚养，其目的是使本来没有父母子女关系的人具有法律上的父母子女关系。该制度意在为孤苦的未成年人遮风避雨，使他们有处可去、有人可依。一般情况下，根据《民法典》的规定，只有三类未成年人可以被他人收养：父母已经死亡的未成年人；生父母没有死亡但是因失踪或失联无法被查找到的未成年人；生父母有特殊困难无力抚养的未成年人。如果未成年人已满八周岁，则可以就是否愿意被收养发表意见，如果不愿意被收养或者不愿意被某个人、某个家庭收养，也可以拒绝。

第二问：什么情况下未成年人可以被福利机构收养？

儿童福利机构是指免费收留抚养未成年人的机构。除《民法典》中规定的三类可以被收养的未成年人以外，儿童福利机构还可以收留抚养由民政部门担任监护人的未成年人。根据《民法典》和《儿童福利机构管理办法》的规定，只有在儿童没有父母，或者无法查明其父母或其他监护人，或者原监护人丧失了监护能力的时候，儿童福利机构才能主动收养未成年人。此外，儿童福利机构也可以经过法院或民政部门的指派收养未成年人。

第三问：收养人需要满足哪些条件？

虽然收养人收养未成年人是善良之举，但法律为了保障未成年人的健康成长环境，法律对收养人的条件作了一定限制，并不是所有成年人都可以收养未成年人。根据《民法典》的规定，收养人需要同时具备以下条件才能符合收养规定，可以总结为"三有两无"（见表8）："三有"即收养人最多只有一个子女、具有监护能力、年龄已满三十周岁；"两无"即收养人没有医学上认为不应当收养的疾病、没有不利于被收养人健康成长的违法犯罪记录。另外，如果收养人有配偶，则应当是夫妻共同收养，即如果夫妻一方反对，则不符合收养条件；如果收养人没有配偶，且其想收养异性子女，那么收养人与被收养的异性未成年人之间的年龄差需要达到四十周岁以上。① 例如，小女孩典典十一周岁，收养人如果是异性，则其年龄需为五十一周岁以上。

表8 收养条件

收养人的条件	被收养人的条件	其他条件
"三有"： ①收养人最多只有一个子女； ②具有监护能力； ③年龄已满三十周岁 "两无"： ①收养人没有医学上认为不应当收养的疾病； ②没有不利于被收养人健康成长的违法犯罪记录	①父母已经死亡； ②生父母没有死亡但是无法被查找到； ③生父母有特殊困难无力抚养	①收养人有配偶，应夫妻共同收养； ②收养人无配偶，收养异性子女年龄差需在四十周岁以上

第四问：收养的程序有哪些？

收养人在收养未成年人的时候，应当完成收养程序；如果没有完成收养程序，则二者之间的收养关系不成立。而收养程序其实就是对收养人与被收养人之

---

① 收养三代以内旁系同辈血亲的子女，不受本限制。

间收养关系的法律保护。根据《民法典》的规定，收养程序主要包含五步，即收养公告、收养协议、收养公证、收养评估、收养登记，但并不是每一步都是必需的；收养评估和收养登记是必需的步骤，其余的步骤依照当事人的意愿完成。首先，被收养的对象如果属于无法查找到其生父母的未成年人，则民政部门首先应当向社会公告，目的是通过此次公告最后一次寻找未成年人的父母，若还是无法找到，则民政部门才会就收养关系进行后续步骤。其次，收养协议与收养公证按照当事人的意愿办理，法律未作强制性规定。再次，县级以上民政部门依法应当对收养人是否具有抚养能力进行评估，以全面保障未成年人的合法权益。最后，需要注意的是，登记之日即收养关系成立之日。

第五问：收养人有哪些职责？

收养人的收养行为经过法律认可，收养关系得到法律保护，故收养人也需要承担相应的责任。根据《民法典》的规定，收养人应当按照最有利于被收养人的原则，照顾、抚养、保障被收养人的健康生活与合法权益。具体规定可以参照父母的监护职责。这种责任并非针对一件事或者几件事，而是一种抽象标准。大家可以这样理解，虽然收养人是法律给未成年人确定的父母，但既然是父母，就应当与其他未成年人的亲生父母一样，抚养、照顾、保护被收养的未成年人。因此收养人和亲生父母的职责一样，亲生父母如何对自己的孩子履行职责，收养人就应当如何对自己收养的未成年子女履行职责。当收养人不履行职责时，被收养人或其亲友、相关部门可以请求人民法院撤销其监护资格。

第六问：收养机构有哪些职责？

根据《民法典》和《儿童福利机构管理办法》的规定，福利机构收养未成年人之后，一方面，该机构应当以监护人的身份照料、保护未成年人的生存权、发展权等权利，机构及其工作人员不能歧视、侮辱、虐待被收养的未成年人。具体而言，生存权和发展权都是最基本的人权，既是一个人能够在这个世界上保有生命、谋求发展的权利，也是人之所以为人所享有的权利保障。另一方面，该机构需要以最有利于未成年人的方式保障其最基本的生活、医疗条件，不可任意侵害未成年人的人身、财产权利。并且，当符合条件的家庭愿意收养未成年人时，该机构应在尊重双方意愿的前提下，将未成年人送至该家庭。

第七问：作为被收养人，未成年人享有哪些权利？

根据《民法典》的规定，收养关系建立意味着法律上的父母子女关系建立。养父母与养子女之间所形成的法律关系和生父母与子女之间所形成的法律关系无异。因此，未成年人在两种法律关系中所享有的民事权利并无不同，均享有人身权、财产权。例如，亲生子女可以继承父母的遗产，即享有继承权，则养子女也有权利继承养父母的遗产。

第八问：作为被收养人，未成年人与生父母是否还有法律关系？

收养人与被收养人自完成收养登记之日起，就建立起了法律上的父母子女关系。为了规范社会和伦理秩序，当未成年人与收养人之间形成了法律上的父母子女关系后，其与生父母之间原本的权利义务关系归于消灭。也就是说，未成年人被他人收养后，其和生父母只有血缘上的关系，并无法律上的父母子女关系。被收养的未成年人不再享有对生父母的继承权利，生父母也不再需要对被送养出去的子女履行抚养义务。

第九问：收养关系在什么情况下会终止？

根据《民法典》的规定，未成年人在被收养后，收养人不得擅自解除收养关系，除非满足协议解除的条件。例如，收养人和送养人就解除收养关系达成协议后，可以依照约定解除收养关系。又如，当送养人发现收养人没有尽职尽责地履行监护人的职责时，有权要求与收养人解除协议；双方如果无法达成解除协议，则可以向法院提起诉讼。需要注意的是，如果是通过协议的方式解除收养关系，则双方应到民政部门办理解除登记。收养关系终止情形见表 9。

表 9　收养关系终止情形

收养关系解除的类型	情形	条件
双方协议解除	双方达成合意后解除	①双方同意；②未成年人同意（八周岁以上）
送养人要求解除	收养人侵害未成年人合法权益	无

第十问：收养关系终止之后有哪些法律后果？

收养关系终止意味着养父母与养子女之间的法律关系终止，在法律上会产生如下法律后果。一方面，体现在"人身"上，即未成年人和收养人不再是法律上的父母子女关系，收养人不再负有抚养、照顾、保护该未成年人的职责，被收养的未成年人与收养人及其他近亲属之间也不再具有身份关系。但是，一旦解除收养关系，未成年人将处于无人照顾的状态，为了避免监护出现"真空地带"，法律规定，收养关系解除之后，未成年人与其生父母及其他近亲属之间的法律关系自行恢复，无须办理任何手续。另一方面，体现在"财产"上，如果解除收养关系是由未成年人的生父母提出的，且养父母并没有虐待、遗弃未成年人，那么养父母还可以要求其生父母适当补偿收养期间为抚养未成年人所支出的生活费、学杂费等抚养费用。

二、案例学习

（一）变相拐卖：有偿"送养"和有偿"收养"，合法吗？

1. 事件经过

民民的父母长期游手好闲且无正式工作。2017 年，民民诞生；2019 年，民民的弟弟典典诞生。面对两名孩子的养育困难，民民的父母开始思考如何能"送养"次子典典。某日，民民父亲在某搜索平台上发帖询问如下类似内容："十天健康婴儿不想要了怎么办"等。张某看见帖子后，联系了民民父亲，双方约定由张某支付10万元营养费，民民父亲将典典送到张某家里，由张某抚养。公安机关查实此事后，将案涉当事人抓获。①

2. 事件评析

从民法视角评析此事件，需要注意以下两点。首先，在前文"基础十问"部分"第一问"的回答中，明确了在生父母没有死亡的情况下，当且仅当生父母有特殊困难无力抚养未成年人时，才符合送养条件。何为"有特殊困难无力抚养"？一般情况下，该条件是指生父母丧失劳动能力且没有经济来源而无法履行监护职责，或者生父母是无民事行为能力人或限制民事行为能力人，不具备正常履行监护职责的意识状态和精神状态。在本事件中，民民的父母身体健康，没有经济来源不是因为客观因素，而是因为没有积极主动地去寻找合适的工作岗位。因此，本事件中民民父母的行为不是送养，更不符合相关条件。法院经审理认为，案涉当事人的行为已经构成拐卖儿童罪。

（二）懈怠养育：收养人不作为，被收养人可以起诉吗？

1. 事件经过

老王与妻子共同领养了八周岁的典典，领养后老王的妻子便卧病在床，老王对妻子和典典不闻不问，也不支付生活费、医药费。后典典将老王告上法庭，请求法院判决老王支付抚养费。法院经审理认为：老王夫妇二人共同决定收养典典，且收养后一直以父母子女关系共同生活，符合收养条件和程序，故在收养关系

（AI 作图）

---

① 改编自真实案例，详情参见《这对年轻父母将二娃 8.8 万"送"他人抚养 双双被判刑》，重庆日报网站，https://baijiahao.baidu.com/s?id=1734419898944211863&wfr=spider&for=pc，访问日期：2023-9-20。

存续期间，老王作为典典的收养人，应当履行抚养职责，支付抚养费用。①

2. 事件评析

收养人通过登记获得法律对收养行为的认可后，就应当根据法律规定承担相应的监护职责。在收养未成年人以后，收养人应当按照"最有利于被监护人"的原则，照顾、抚养、保障被收养人的健康生活与合法权益。在法律层面上，收养人就是被收养人的父母，是被收养的未成年人的法定监护人，应当履行监护、抚养的职责。因此，当收养人未履行抚养、监护职责时，未成年人可以诉诸法律，积极维护自己的合法权益。

（三）合法继承：养子女对养父母的财产享有继承资格吗？

1. 事件经过

民民今年十二周岁。在一次交通事故中，民民父母不幸丧生，民民在左邻右舍的接济下勉强维持正常生活。民民父亲的挚友得知此事后，不忍心好友的孩子成为孤儿，遂依法办理了收养手续并进行了登记。在养父的关怀与呵护下，民民健康成长，并考上了高中。不料，养父突患疾病，撒手人寰。养父的亲生儿子拒绝民民继承养父的财产。民民遂诉至法院，要求法院确认自己的继承资格。

2. 事件评析

根据《民法典》的规定，收养关系自收养登记之日起成立，养父母与养子女之间的收养关系所形成的法律效力等同于生父母和子女之间的身份关系。换言之，相较于亲生子女，养子女所享有的权利并不会因血缘关系的不同而有所不同。亲生子女有权继承其父母的遗产，养子女也有权继承其养父母的遗产。

（四）丧失资格：养子女对生父母的财产享有继承资格吗？

1. 事件经过

民民在年幼的时候，因父母丧失劳动能力，被隔壁村的老王夫妇收养，并依

---

① 改编自新闻报道，详情参见《养父不履行抚养义务 山西8岁女童状告维权成功》，搜狐网，http://news.sohu.com/20141208/n406766587.shtml，访问日期：2023-9-20。

法办理了收养登记手续。民民在养父母的呵护下健康成长。数年后，民民的生父母死亡，民民获知噩耗后回老家祭奠，发现生父母遗留的祖屋已经被其哥哥占有。民民认为自己也是继承人，同样应享有房屋的份额，于是将其哥哥诉至法院，要求法院确认自己的房产份额。民民的哥哥认为，虽然民民与自己有血缘关系，但是因民民已经被他人收养，故不应享有对生父母财产的继承权。①

2. 事件评析

虽然被送养出去的未成年人与自己的生父母有血缘上的亲属关系，但是根据《民法典》的规定，被收养的未成年人自收养登记之日起，与养父母形成了合法的收养关系，与此同时，被收养人与生父母及其近亲属之间的权利义务关系自动消除。就本事件而言，民民被依法收养在先，其生父母死亡在后。因此，民民因被合法收养而失去了对其生父母财产的继承资格。

（五）养子更名：未成年人被收养后可以更改姓氏吗？

1. 事件经过

民民的生父死亡，民民的生母因患重病无法照顾民民，遂将民民送养给当地的老王夫妇。送养时，民民的生母提出，"为了纪念民民的生父，不准老王夫妇在收养民民之后为其更改姓氏"。老王夫妇认为民民生母的要求不合法，便在依法收养民民之后，为其更改了姓氏。

（AI作图）

2. 事件评析

首先，从收养法律关系上看，老王夫妇在依法收养民民后，成为民民的法定监护人，虽然是养父母，但在法律上享有与

---

① 改编自新闻报道，参见文刚：《养子有权继承亲生父母的遗产吗　法院判决：无权！》，搜狐网，http://news.sohu.com/20061218/n247100616.shtml，访问日期：2023-9-22。

生父母同样的权利与义务。其次，根据《民法典》第 1015 条的规定，自然人原则上应当跟随父母的姓氏，但是当自然人的扶养人不是法定扶养人时，可以在父姓和母姓之外选取扶养人的姓氏。因此，本事件中民民生母的要求不合乎法律规定，老王夫妇有权为民民更改姓氏。

（六）亲戚收养：母亲再婚后，未成年人可以被姨妈收养吗？

1. 事件经过

民民是一个十周岁的小男孩。2018 年，民民的父亲因病去世后，民民与母亲共同生活。2022 年，民民的母亲再婚。民民感觉难以融入新家庭，闷闷不乐。民民的姨妈三十五周岁，一直未婚。民民的姨妈察觉民民情绪低落后，与民民的母亲商量收养民民。民民的母亲经过再三考虑，认为如果由自己的妹妹抚养民民，不仅能够使民民身心愉悦，自己也能时常了解民民的生活近况，于是便同意了，双方依法办理了收养登记。

（AI 作图）

2. 事件评析

首先，根据前文的"基础十问"部分所述内容，如果送养人是未成年人的生父母，那么原则上需要满足的条件是"有特殊困难无力抚养子女"。立法者这样规定是为了避免部分生而不养的父母试图以"经济困难""无生活来源"为由逃避依法应当承担的监护责任，在该条件的约束下，只有客观上存在特殊困难、难以通过自己努力改变的情况才满足生父母的送养条件。但是，考虑到社会的实际情况与传统文化，《民法典》第 1099 条规定了例外情形，即收养人收养三代以内旁系同辈血亲的子女可以不受前述条件的限制。因此，本事件中的收养关系合法有效。

（七）福利机构：儿童福利机构可以收养孤儿吗？

1. 事件经过

正正年幼的时候作为孤儿被当地的儿童福利机构收养。刚到福利院的时候，正正因为自卑不敢跟大家交流，福利院的老师们经常鼓励和开导她。慢慢地，正正跟着老师和其他小孩一起学习、打球、唱歌，交到了许多朋友，性格也变得开朗。正正说："在这里我感受到了家庭的温暖，重拾起遗失多年的爱。"①

（AI作图）

2. 事件评析

儿童福利机构为困境中的未成年人提供了庇护之所。根据《民法典》和《儿童福利机构管理办法》的规定，只有在未成年人的父母或其他监护人处于无法查明的状态、未成年人的父母死亡或者被宣告失踪且不存在其他依法具有监护资格的人、未成年人的父母虽未死亡但已丧失监护能力且无法寻求其他依法具有监护资格的人提供帮助时，儿童福利机构应当予以收养。此外，在人民法院的指定或者法律明确规定的情形下，民政部门应当承担起未成年人监护人的职责。

（八）收养手续：依法收养的手续有哪些？

1. 事件经过

民民原本是本地福利院收养的孤儿，李女士了解民民的经历后，决定收养民民。通过区行政审批局、民政局、公安分局、人力资源社会保障局、医保局等多部门的协作配合，李女士一次性完成了收养证办理、户口迁移、医保参保缴费及

---

① 改编自新闻报道，参见张菲菲：《广东儿童福利机构24名孩子考上大学，追梦人生!》，腾讯网，https://new.qq.com/rain/a/20220908A09IPM00，访问日期：2023-9-23。

社保卡发放等事项，领取了收养登记证、户口页、社保卡，完成了收养程序，让民民重新拥有了自己的家。①

2. 事件评析

根据《民法典》的规定，收养应当依法办理如下手续。第一，登记在程序上是必要步骤。收养人在民政部门登记之后，收养关系才会正式成立并发生法律效力。第二，民政部门在登记前，对于因未成年人生父母无法查找而发生收养的情况，应当进行公告寻找。第三，签订收养协议不是必需的步骤，但是如果收养双方愿意签订协议的，可以基于真实意愿订立协议。第四，办理公证程序不是必需的步骤，但是收养关系中的任意一方要求办理收养公证程序的，应当办理。第五，对民政部门而言，办理收养评估程序是必需的步骤，应当依法对收养进行评估。第六，办理户口登记程序是必需的步骤，收养人应为被收养人办理户口登记。

（九）家庭虐待：未成年人被收养后被虐待，送养人可以要求解除收养关系吗？

1. 事件经过

典典九周岁时，因父母外出务工无法照顾，故由其生母的表姐夫妇依法收养，并办理了收养登记手续。但是，养父母没有善待典典，而是将她作为发泄情绪的对象。长期以来，养父母对典典施加暴力，导致典典身上伤痕无数。某日，在学校组织的体检中，老师和同学发现了这一情况，向公安机关报案。典典的生父母在接到公安机关的通知后，要求解除养父母与典典之间的收养关系。

2. 事件评析

收养人与被收养人之间既然建立了收养关系，成为法律上的父母子女关系，收养人就应当尽职尽责地履行作为养父母的义务。如果收养人不履行抚养义务，虐待、遗弃、伤害未成年人，则送养人（例如本事件中的典典的生父母）有权要

---

① 改编自新闻报道，参见王正：《我区完成"收养登记一件事"首个案例办理》，淮安区报网站，http://www.haqbszb.cn/Article/index/aid/4780495.html，访问日期：2023-9-22。

求解除收养人与未成年人之间的收养关系。如果双方无法就解除关系达成协议，则可以向人民法院起诉，请求法院的支持。

（十）解除收养：未成年人经收养人养育成年后，可以要求解除收养关系吗？

1. 事件经过

民民六周岁时，因父母双亡被老王夫妇收养。经过悉心照料与养育，民民健康成长，考上了研究生，找到了一份稳定的工作。但是，民民因为结婚的事情导致与养父母之间的矛盾越来越大。民民遂萌发了解除收养关系的想法，于是，民民向养父母提出了解除收养关系的要求。养父母认为，抚养民民长大不容易，现在老两口年龄大了，没有劳动能力和经济来源了，希望民民能够按月支付一定的生活费。

2. 事件评析

在本事件中，大家可能比较疑惑，为什么解除收养关系后，成年养子女仍然应当向养父母支付生活费。这是因为《民法典》明确规定，如果养子女由养父母抚养成年，当养父母缺乏劳动能力、没有经济来源时，即使已经解除收养关系，成年养子女也应当给予生活费。并且，如果关系的恶化不是因为生活矛盾，而是成年养子女对养父母的虐待等行为所致，那么，在收养关系解除之后，养父母还可以就抚养养子女期间支出的抚养费，要求养子女进行支付。

三、知识自测

老王有一子一女，儿子叫民民、女儿叫典典。因老王晚婚晚育，故其已近七十岁时，儿子民民十四周岁、女儿典典八周岁。老王在妻子离世后身体状况每况愈下，生活难以自理，更难以妥善照顾儿女。于是，老王将民民送养给了四十五周岁的男性友人老宋，将典典送养给了三十五周岁的男性友人老张，老宋和老张均未婚未育、身体健康、无违法犯罪记录，同意收养并善待孩子。两年后，老宋觉得家里多一个人支出太大，也觉得毕竟民民不是自己的亲生儿子，便拒绝为其缴纳学费，也不愿再为其负担生活费。

（一）简答题

请根据前文所学，简要分析老宋和老张与民民、典典之间的收养关系是否合法有效。

答案及解析

答案：老宋与民民之间的收养关系有效，老张与典典之间的收养关系无效。

解析：第一，四十五周岁的老宋符合收养人的条件，且双方自愿，因此老宋与民民的收养关系有效。第二，三十五周岁的老张虽然身体健康无子女，但是由于典典并非老张三代以内旁系同辈血亲的子女，根据《民法典》的规定，无配偶的老张收养异性子女典典，两人年龄差距应达到四十周岁以上，老张不符合该条件，因此他和典典之间的收养关系无效。

（二）辨析题

老宋可以拒绝为民民缴纳学费和生活费。这种说法对吗？为什么？

答案及解析

答案：这种说法不正确。

解析：自收养登记之日起，养父母子女关系成立。养父母作为监护人，应当承担起对被收养人的监护职责，尽职尽责地抚养、教育、保护未成年人。本题中，虽然民民不是老宋的亲生孩子，但老宋依法与民民之间成立了收养关系，因此，抚养、照顾民民，以及保护民民健康成长是老宋作为监护人的职责所在。

（三）判断题

若收养八周岁的典典时，老张四十九周岁，两年后老张要结婚，便请求解除收养关系，但老王担心典典无人可依、无处可去，不同意解除。老张此时有权径直解除收养关系吗？

------- 答案及解析 -------

答案：不可以。

解析：四十九周岁的老张收养八周岁的典典，两者年龄差达到四十周岁，符合收养条件，也履行了收养登记手续，收养关系有效。但是根据《民法典》的规定，在典典成年之前，收养关系不得解除，除非送养方、收养方协议解除。此外，典典已年满八周岁，还应就此事征得典典本人的同意。

四、本章相关法条

《民法典》第一千零四十四条　　《民法典》第一千一百零六条

《民法典》第一千零九十三条　　《民法典》第一千一百一十一条

《民法典》第一千零九十四条　　《民法典》第一千一百一十二条

《民法典》第一千零九十八条　　《民法典》第一千一百一十四条

《民法典》第一千一百零二条　　《民法典》第一千一百一十五条

《民法典》第一千一百零四条　　《民法典》第一千一百一十七条

《民法典》第一千一百零五条　　《民法典》第一千一百一十八条

第八章
继承关系中的未成年人权利保护

一、基础十问

第一问：未成年人有继承权吗？

继承权是指继承人在被继承人死亡时取得被继承人遗留的合法财产的权利。根据《民法典》的规定，继承权是人天生就享有的合法权利，即一个人从出生时，甚至还是胎儿的时候，就已经享有继承权，故未成年人和成年人一样，都享有继承的权利。只是由于未成年人年龄较小，缺乏社会经验和处置财产的能力，所以，立法者根据未成年人的年龄阶段不同进行了不同的规定。例如，不满八周岁的未成年人所继承的财产须全部由监护人保管，并且由监护人按照最有利于未成年人的原则进行处置，即此年龄阶段的未成年人不能自己决定花多少钱，除非得到监护人的允许。又如，八周岁以上不满十八周岁的未成年人可以自行决定使用日常生活所需的财产，但是如果所需开销超出日常生活所需，则依然需要由监护人来替未成年人决定、保管和处置。

第二问：未成年人在什么情况下可以继承他人财产？

在继承法律关系中，被他人继承财产的人是被继承人，因他人死亡获得他人财产的人是继承人。根据我国《民法典》的规定，遗产继承的方式分为四种：法定继承、遗嘱继承、遗赠和遗赠抚养协议。在第一种继承中，被继承人无须特别就遗产分配进行事先计划，一旦被继承人死亡，则所有继承人将按照法律的规定分配遗产；在第二种继承中，被继承人须就自己的遗产分配立下遗嘱，从法定继承人中指定一人或数人继承自己的财产；在第三种继承中，被继承人可就自己的遗产分配立下遗嘱，在法定继承人之外另行确定个人或组织，并将自己的财产进行赠与。因此，未成年人如属于被继承人的法定继承人的范围，则可通过法定继承和遗嘱继承获得他人生前的个人财产；未成年人如不属于被继承人的法定继承人范围，则可通过遗赠获得他人生前的个人财产。继承类别详见表10。

表10 继承类别

类型	法定继承	遗嘱继承	遗赠
继承条件	①被继承人死亡；②属于法定继承人；③不存在合法有效的遗嘱	①被继承人死亡；②属于法定继承人；③存在合法有效的遗嘱	①被继承人死亡；②不属于法定继承人；③存在合法有效的遗嘱
效力	遗赠、遗嘱继承>法定继承		

第三问：未成年人在什么情况下会丧失继承权？

丧失继承权即不再享有继承的资格。根据《民法典》的规定，在以下五种情形下，未成年人会面临继承资格的丧失。情形一：故意杀害被继承人。例如，未成年人为了获得父母的钱财而杀害父母。情形二：为争夺遗产而杀害其他继承人。例如，未成年人为了多分父母的遗产而杀害其兄弟姐妹。情形三：遗弃被继承人，或者虐待被继承人情节严重。例如，未成年人利用自己的体力优势在家对父母实施暴力行为，且情节严重。情形四：对遗嘱进行伪造、篡改，导致遗嘱"面目全非"，或者为了不让他人发现对自己不利的遗嘱而将其进行销毁、隐匿且情节严重。情形五：通过欺诈、胁迫等手段迫使、妨碍被继承人设立、变更、撤回遗嘱，情节严重。继承人丧失继承资格情形详见表11。

表 11 继承人丧失继承资格情形

继承权丧失的情形	情节要求	资格是否可恢复	恢复条件
故意杀害被继承人	无	否	不可恢复
为争夺遗产而杀害其他继承人	无	否	
遗弃被继承人	严重	是	①确有悔改表现；②被继承人宽恕
虐待被继承人	严重	是	
伪造/篡改/隐藏/销毁遗嘱	严重	是	
欺诈、胁迫手段影响被继承人意愿	严重	是	

第四问：未成年人在什么情况下可以恢复继承权？

继承权是一种资格，既可以丧失也可以恢复，但并非所有未成年人丧失继承权的情形都可以恢复。根据《民法典》的规定，恢复继承权需要符合一定的条件，需要"确有悔改表现"且被"宽恕"，即真正明白自己做错了事情，并用实际行动争取被继承人的谅解，才有可能恢复继承资格，获得继承权。但未成年人所做之事不能逾越法律的底线，不能为了争夺遗产而故意杀害被继承人或其他继承人，一旦做出侵害他人生命权的行为，就已经不属于被继承人可以宽恕的范畴，不仅无法恢复继承权，还需依法承担刑事责任。

第五问：未成年人怎样行使继承权？

根据《民法典》的规定，继承开始之后，继承人可以主张继承权。但在大多数情况下，继承人无法直接支配被继承人的遗产，而需要通过遗产管理人进行支配。通常来说，继承开始后的遗嘱执行人就是遗产管理人。如果被继承人没有指定遗嘱执行人，则遗产管理人由继承人协商选出。例如，在未成年人的父亲去世后，未成年人作为法定继承人，可以和自己的母亲、爷爷奶奶、兄弟姐妹一起继承父亲的遗产。但由于继承人较多，此时被继承人去世前可能会指定由自己的妻子来管理遗产，并根据遗嘱内容进行财产的分配，因此，未成年人可以向遗产管理人主张权利。

第六问：未成年人可以继承哪些财产？

未成年人可以继承的财产范围如表 12 所示。从财产的性质上说，未成年人可以继承他人死亡时的个人合法财产。换言之，被继承人通过非法方式获得的财产，以及被继承人与他人共有的财产且未完成分割前不在继承范围之内。从财产的种类上说，可继承的财产不仅包含动产、不动产，也包含财产性权利，如知识产权、股权等。同时，继承人应以所继承财产的实际价值为限进行相关税款的缴纳和相关债务的偿还。即如果被继承人生前有个人债务，则需用遗产将这部分债务进行清偿。

表 12　未成年人可以继承的财产范围

财产类别	常见例	是否可继承
合法财产	房、车、存款、股权、债权	是
非法财产	赌博所得、盗窃所得	否

第七问："父债子偿"的说法正确吗？

"父债子偿"是民间常用的说法，但这种说法太过于绝对。根据《民法典》的规定，若被继承人生前欠有债务，则需要在发生继承之前进行偿还。当被继承人所欠债务或者应缴而未缴的税款太多以至于无法用全部遗产进行清偿时，会产生一个问题，即未偿清部分是否需要继承人用个人财产去清偿？根据《民法典》的规定，继承人只需在所继承财产的实际价值的范围内进行清偿，超出部分可自愿决定，即"父债"应用"父"留下的遗产去偿还，如果还不完，"子"可以自愿决定是否用个人财产去清偿，法律未作强制性规定。

第八问：未成年人是否可以代位继承？

代位继承是法定继承中的一个类别，是指当继承人先于被继承人死亡时，继承人的直系晚辈血亲可以替代继承人继承被继承人的遗产。例如：未成年人的父亲先于未成年人的爷爷死亡，当未成年人的爷爷死亡时，未成年人可继承原本应由其父亲继承的财产内容。因此，代位继承中的"代位"是指由直系晚辈血亲代原法定继承人之位，以体现特定情况下祖辈对孙辈的关怀。具体而言，《民法典》中所规定的"继承人的直系晚辈血亲"不仅可以是被继承人的孙子女、外孙子女、曾孙子女、外曾孙子女，还可以是继承人的养子女。因此，作为被继承人直系晚辈血亲的人，即使未成年，也当然享有代位继承权。

第九问：未成年人可以继承股权吗？

股权是股东权利的简称，包括股东所享有的财产性权利和身份性权利。前者是指股东可以要求对公司收益进行分成，后者是指股东享有参与公司重大决策的权利。如果股权是被继承人生前的合法个人财产，则未成年人可以基于继承权要求继承股权。但是，正如前文所述，股权的权利内容中包括身份性权利，即需要在特定场合通过投票等方式参与公司的经营管理决策。未成年人作为无民事行为能力人或限制民事行为能力人，尚不具备较为成熟且理性的认识能力和意志能力，因此，涉及股东投票等权利内容时，需要由其法定代理人代为行使。

第十问：监护人可以替未成年人作决定，放弃继承权吗？

监护人虽然有权代理未成年人实施法律行为，但不能代替未成年人作出不利于其生存与发展的决定。根据《民法典》的规定，未成年人在继承过程中，通常无须负担义务，属于纯获利益的行为。监护人应当按照最有利于被监护人利益的原则照管被监护人，即对于未成年人有利的事情，不能随意放弃与拒绝。但是，如果他人对未成年人的遗赠是附条件的，则监护人可以在遵守最有利于被监护人利益的原则下视情况作出决定。

二、案例学习

（一）哥哥侵占份额：被他人侵占的继承份额，可以要回来吗？

1. 事件经过

2013年，民民的父母因病突然离世，为三个孩子留下了巨额财产。当时，民民的哥哥正正二十六周岁，民民十周岁，民民的妹妹典典八周岁。正正刚研究生毕业，正值创业期，急需用钱，于是便对民民和典典说，未成年人无法继承父母的遗产。8年后，民民成年。通过一次普法课，民民得知自己当年受到了哥哥的欺骗。民民十分愤怒，遂诉至法院，要求哥哥退还应由自己和典典继承的份额。

2. 事件评析

法定继承，是指根据法律规定的继承人范围、继承顺位、继承份额等方式发生继承。未成年人虽然年幼，但是也拥有继承权。对于自己父母遗产的继承，未成年子女是法律规定的法定继承人，而且是第一顺位的法定继承人，成年与否不影响其权利的主张与行使。因此，在本事件中，正正的做法是错误的，应当将侵占弟弟妹妹的份额予以退还。

（二）继母侵占份额：父亲离世后，继母可以侵占未成年人的继承份额吗？

1. 事件经过

典典十二周岁时父母离婚，典典跟着父亲一起生活。典典十六周岁的时候，父亲再婚。但父亲因为工作过于劳累，突发疾病死亡。父亲死后，典典的继母在未告知典典的情况下，将典典父亲的全部财产据为己有，致使典典没有生活费的支持，难以维持正常生活。典典遂诉至人民法院，要求继母退还所侵占的遗产份额。

2. 事件评析

未成年人和成年人一样，具有继承的权利，甚至尚在母亲腹中的胎儿也享有继承的权利。因此，即使本事件中的典典尚未成年，其继承权也不受影响。典典的继母可以作为典典的监护人替典典管理其依法应享有的遗产份额，但不能以典典未成年为由剥夺其继承权。典典继母的行为已然违反法律的规定，需将所侵占的遗产份额予以退还。

（三）杀害被继承人：故意杀害被继承人与其他继承人的未成年人，还享有继承权吗？

1. 事件经过

老王夫妇共同养育了民民、典典、正正三个孩子。民民十六周岁，典典十三周岁，正正十周岁。老王夫妇身体不好，身患重病，即将不久于人世。民民为了早点拿到遗产，萌生了杀害被继承人的想法。某日，民民在家中对其母亲意图实施故意杀害的行为。在实施犯罪行为的过程中，民民因为母亲的呼救与呵斥意识到自己行为的违法性，自动中止了犯罪行为。事后，民民深刻反省与悔改，得到了母亲的谅解，分得了部分遗产。①

2. 事件评析

父母子女关系是世界上最亲密的关系。爱虽然是没有条件的，但凡事都有度，法律是底线，绝对不可以碰触。在父母离世以后，子女作为父母的第一顺位继承人，在大多数情况下都可以继承父母的遗产，但一旦违反法律，行违法犯罪之事，便会丧失继承权。在本事件中，民民所实施的是故意杀人的犯罪行为，原本应属于绝对被剥夺继承权的类型。但鉴于民民自动中止犯罪行为，确有悔改表现，且事后得到了被继承人的谅解，才没有因此丧失继承权。

（四）多人共有遗产：未成年人可以与他人共同拥有遗产吗？

1. 事件经过

老王父母在其年幼时去世，在其中年时，妻子去世。老王独自养育了民民、

---

① 改编自真实案例，详情参见湖北省襄阳市中级人民法院，（2014）鄂襄阳中民一终字第00093号民事判决书。

典典、正正三个孩子，在正正还未成年的时候，老王因病去世。哥哥民民以妹妹典典已经出嫁、弟弟正正还未成年为由，擅自将老王遗留在老家的一幢住宅办理了变更登记，登记为自己一个人的名字，并将该房屋出租。典典知道后，与正正一起要求民民变更房屋登记为兄妹三人，并向法院起诉，请求法院确认二人的共有份额。①

2. 事件评析

根据《民法典》的规定，无论继承人是未成年人还是成年人，都享有继承权。当继承人为多人时，在财产没有完成分割之前，各个继承人之间形成了对遗产的"共有"状态；只有在遗产完成分割之后，这种"共有"的状态才会转变为各个继承人对自己应当继承的财产份额单独所有的状态。在本事件中，老王死后未留遗嘱，发生法定继承，因此，其所遗留的房屋应为民民、典典、正正三人共同所有。任一共有人在未征得其他共有人的同意时均不得擅自处分共有物。因此，典典和正正的诉讼请求于法有据，应得到法院的支持。

（五）参与"双重继承"：已经通过遗嘱继承获得财产，还可以参加法定继承吗？

1. 事件经过

老王和妻子离婚后身患绝症。因为已没有其他亲人，担心女儿无处可去，于是留下遗嘱，将其位于市郊的房产留给女儿典典。后老王去世，子女在清理老王遗产时，发现父亲不仅有前述房产，还有存款100万元，汽车一部。老王的儿子民民（二十一周岁）认为父亲已将房产留给了妹妹典典，典典便不应再继承其他遗产。典典（十五周岁）认为哥哥的说法没有道理，双方闹上了法庭。

2. 事件评析

虽然遗嘱继承具有优先于法定继承的效力（本事件中，典典可以按照遗嘱继

---

① 改编自真实案例，详情参见梁帅：《继承人间的房屋遗产权属纠纷不适用诉讼时效》，人民法院报网站，http://rmfyb.chinacourt.org/paper/html/2013-02/07/content_57944.htm，访问日期：2023-9-21。

承父亲的房产），但针对被继承人没有立遗嘱的遗产，仍应按法定继承的规则发生继承，即在本事件中，虽然典典已经按照遗嘱继承了房产，但是对于其父留下的其他遗产，典典仍可根据法定继承和哥哥民民共同继承。

（六）父债是否子偿：父亲死亡后，未成年人应当偿还父亲所欠债务吗？

1. 事件经过

老王与妻子离婚后，独自抚养民民。民民十五周岁时，提出想要出国留学。老王虽然经济能力薄弱，但认为应当为孩子提供出国学习的机会。鉴于自己的父母已经去世，无人可借钱给自己，于是，老王向同事老李借款10万元，并承诺尽快偿还。不料，一年后，老王突发疾病死亡，留下房产一套，个人存款15万元，以及欠老李的10万元债务。老李担心债务无法得到清偿，遂找到老王儿子民民，要求尽快偿还老王生前所欠债务。民民不愿意，认为这是父亲生前所欠债务，与己无关。

2. 事件评析

在前文"基础十问"部分的"第七问"的回答中已述，"父债子偿"有一定的依据，但并非绝对。因为继承人在继承遗产的同时也继承了遗产范围内的债务，换言之，以所继承遗产的实际价值为限，继承人应当对被继承人的债务进行偿还。对于超出所继承遗产实际价值的部分，继承人可以自愿选择是否偿还。若继承人对于超出部分的债务不愿意偿还，则法律不会强制其偿还。因此，具体到本事件，被继承人老王留下的遗产价值既然能够完全覆盖其生前所欠老李的债务，那么民民作为唯一的继承人就应当予以偿还。

（七）代人放弃继承：未成年人的母亲可以代其放弃继承份额吗？

1. 事件经过

民民的父亲常年从事高空作业。某次，在工作的过程中，民民的父亲发生意外去世。民民的父亲积蓄不多，只留有一套市中心的房产。民民的母亲想将该房产变更登记到自己名下，于是对民民的爷爷奶奶进行了游说。民民的爷爷奶奶因失去儿子悲痛万分，不愿意再与民民母亲就此事争执，于是同意放弃继承该房产的份额。其后，民民母亲计划代理民民（七周岁）放弃房产继承权，从而将房产完全登记于自己的名下。

2. 事件评析

代理制度的成立初衷是为了弥补被代理人能力的不足，使其可以通过他人的协助来维护自己的合法权益。因此，代理人应当为了被代理人的利益而作出决策，开展民事活动。未成年人的父母是未成年人的法定代理人，应当为了未成年人的利益进行决策。遗产继承，既是纯获利益的行为，也是对未成年人的财产有所增益的行为，若无特殊情况，不应放弃。因此，本案例中民民母亲的代理行为因损害被代理人利益而无效。

（八）股权可否继承：父亲死亡后，女儿可以继承股权吗？

1. 事件经过

老王去世后留给女儿典典一笔遗产，其中包括他在某科技公司的股权。但是，该公司的其他股东认为典典还是未成年人，无法切实参与公司的经营管理，因此不应当由其继承股权。与此同时，其他股东也不愿意收购老王的股权份额。典典无奈之下咨询了律师，律师建议她向法院提起诉讼，要求继承父亲的股权份额。

2. 事件评析

正如前文在"基础十问"部分"第九问"的回答中所述，股权是一种综合性的权利，既包含财产性权利，也包含身份性权利。就未成年人而言，可以通过继承获得股权中的财产性权利；就股权中所含有的身份性权利而言，未成年人因尚未获得完全民事行为能力而无法独立行使，可以由其法定代理人代为实施。因此，本案例中律师的建议是合理的，典典可以诉至法院，要求继承股权份额。

三、知识自测

2018年2月，老王在妻子离世后患病在床，医生诊断其所剩时日不多。于是，老王立下遗嘱，将自己的全部遗产10万元留给儿子小王。不料，3月1日，小王因意外事故去世。3月10日，老王因承受不住儿子的突然离世，悲痛欲绝，突然离世。3月25日，小王的儿女民民（十七周岁）和典典（十五周岁）在整理其遗物时，发现小王留有遗产50万元，且立有遗嘱，其中载有"将20万元留给妻子"的内容。老王没有其他亲人，小王的妻子尚在人世。4月10日，遗产分割完毕。

（一）选择题

小王的遗产继承开始的时间是（ ）

A．3月1日　B．3月10日　C．3月25日　D．4月10日

答案及解析

答案：A

解析：继承从被继承人死亡时开始。3月1日小王去世，则自3月1日开始发生遗产继承。

（二）思考题

小王的遗产应该怎样发生继承？

答案及解析

答案：先发生遗嘱继承，再发生法定继承。

解析：小王死亡，继承开始，因遗嘱继承优先于法定继承，故20万元由其妻子继承，剩下30万元按法定继承规则发生继承关系。因为在小王去世

时，老王还没有去世，即小王的第一顺位继承人有其妻子、典典、民民、老王共四人，一般情况下，财产应当由该四人均分，即各自 7.5 万元。故最后对于小王的遗产而言，小王的妻子所分遗产共 27.5 万元，其余三人各得 7.5 万元。

（三）判断题

民民和典典可以继承老王的遗产吗？

---- **答案及解析** ----

答案：可以。

解析：民民和典典是老王的孙子女，根据《民法典》的规定，配偶、父母、子女是第一顺位继承人，兄弟姐妹、祖父母、外祖父母是第二顺位继承人。虽然孙子女不在第一、二顺位继承人之列，但是正如前文在"基础十问"部分所述，在满足代位继承的条件下，孙子女可以代位继承祖父母的遗产。本题中，老王的财产本应由老王的儿子小王继承，但是小王先于老王去世，故应由小王的直系晚辈血亲民民和典典代其父亲之顺位来继承老王的遗产。

四、本章相关法条

《民法典》第十九条　　　　　《民法典》第一千一百二十五条

《民法典》第二十条　　　　　《民法典》第一千一百二十七条

《民法典》第三十五条　　　　《民法典》第一千一百二十八条

《民法典》第一百二十四条　　《民法典》第一千一百三十条

《民法典》第一千零七十条　　《民法典》第一千一百四十五条

《民法典》第一千一百二十一条　《民法典》第一千一百四十七条

《民法典》第一千一百二十二条　《民法典》第一千一百五十九条

《民法典》第一千一百二十三条　《民法典》第一千一百六十一条

第九章
离婚过程中未成年人的权利保护

一、基础十问

第一问：父母离婚对于未成年人影响大吗？

每一个未成年人都是父母最珍视的宝贝。但是，父母在相处的过程中，可能会产生不可调和的矛盾导致感情破裂，无法继续共同生活，从而诉诸离婚。因此，父母离婚对未成年人最大的影响，是未成年人无法继续与父母在同一个家庭环境中生活。从民法的视角来描述，这一问题聚焦未成年人的抚养权问题，即通常所说的"大人离婚，小孩跟谁"的问题。具体而言，根据《民法典》的规定，具体按以下情形来进行判断。情形一：考虑到喂养需求，不满两周岁的未成年人原则上由母亲一方抚养。情形二：对于已满两周岁的未成年人，抚养权原则上首先由父母协商，协商不成可由法院依据最有利于未成年人的原则作出判决。情形三：对于已满八周岁的未成年人，应听取未成年人对于"愿意与谁共同生活"的意愿，并尊重其意见。

第二问：在父母离婚的过程中，未成年人的意见有法律效力吗？

在父母离婚的过程中，已满八周岁的未成年人可以表达自己的意愿。具体来说，已满八周岁的未成年人可以自主选择由父亲或母亲抚养，法院也应当尊重其真实意愿。换言之，涉及"愿意与谁共同生活"的问题，未成年人的意见有法律效力，法院会尊重其意见，据此进行抚养权的判决。但是，如果未成年人的意见是"不想父母离婚"等内容，则无法产生相应的法律效力。

第三问：父母可以离婚为由拒绝抚养未成年人吗？

未成年人可能因父母离婚而无法继续和父母生活在同一个家庭环境中，但《民法典》规定，即便父母离婚，也不能以此为由拒绝对未成年人履行抚养、照顾、监督、保护等职责。因此，在离婚协商的过程中，未成年人由谁抚养是一个无法回避的问题。如果双方能就此问题达成一致，则以双方协议的内容为准；如果双方无法就此问题达成一致，则可诉至法院，请法院根据具体情况进行判决。

第四问：在针对未成年人抚养权的协商中，应当遵循什么原则？

为了保障未成年人的利益，在父母双方协商抚养权归属问题或由法院直接对抚养权归属问题进行判决时，都应遵循"最有利于未成年子女的原则"。该原则主要依据子女所处的年龄阶段进行判断，例如：子女处于哺乳期时，更需要母亲的哺育，因此《民法典》规定不满两周岁的婴幼儿在父母离婚时原则上由母亲抚养。又如，哺乳期之后，需要更多考量的是未成年子女的生活与成长环境，此阶段既可由父母协商，也可由法院根据具体情况进行判决。再如，八周岁以上的未成年人，已较为熟悉父母的养育方式，且较为了解自己的性格特点，因此可以根据自己的意愿作出选择，与更契合自己成长模式的监护人共同生活。

第五问：未成年子女的抚养费确定后，可以临时增加吗？

抚养费协议是针对抚养期间所支出费用的约定。根据《民法典》的规定，由一方抚养未成年子女的，另一方应当就抚养费进行全部负担或部分负担。具体负担时间及费用标准，都可以由父母直接约定。如果双方无法就此问题达成协议，则可以由法院进行判决。需要注意的是，即便双方已经约定、法院已经判决，也不妨碍未成年子女因为特殊情况向父母任一方提出额外的抚养费请求。只要该请求所涉及的抚养费数额是合理的、所涉及的事由是必要的，被请求人就应当予以满足。抚养费常见必要开支如表 13 所示。

表 13　抚养费常见必要开支

必要合理开支	类型
生活费	衣、食、住、行等方面产生的费用
教育费	学杂费、书本费、学习用具费等费用
医疗费	医药费、住院费、手术费、治疗费、检查费等费用

第六问：未享有抚养权一方是否有权探望？

父母离婚后，获得抚养权的一方应当尽心尽责地照顾未成年人的起居，关心未成年人的学业，保护未成年人的合法权益；没有获得抚养权的一方，也应当通过行使探望权关注未成年人的成长，及时发现未成年人的生活需求、心理需求并予以回应与满足。因此，《民法典》规定了探望权的行使规则，即原则上离婚双方可以就探望权的行使时间和行使方式进行约定，如果双方约定不成，则可以提请法院进行判决。

第七问：探望权可以被中止吗？

未直接抚养未成年人的一方享有探望的权利，但并非在任何情况下都可以行使探望权。《民法典》规定，如果父母一方的探望使未成年人身心健康受到影响，则经抚养人申请，法院会中止该方的探望权以保护未成年人的健康成长；待中止事由消除，探望方不会对未成年人造成不利影响时，可恢复其行使探望的权利。例如，民民和母亲经常被父亲家暴，导致民民一见到父亲就产生应激反应。后来，民民的父母离婚，由母亲抚养民民，其父亲主张探望权，此时民民的母亲可以向法院申请中止民民父亲的探望权。

第八问：父母离婚会涉及未成年人的财产权益吗？

根据《民法典》的规定，未成年人的父母离婚会涉及夫妻共同财产的分割，不会涉及未成年人财产权益的变动。但是，父母离婚后，可能会涉及未成年人财产权益的代管与代理。因为，父母一方在获得抚养权后，作为与未成年人共同生活的一方，需要对未成年人的人身权益、财产权益进行保护。其中，难免会涉及对未成年人财产权益的处分。需要注意的是，抚养一方在保管或者处分未成年人个人财产的过程中，需要遵循"最有利于未成年子女的原则"。

第九问：父母离婚后，未成年人和父母的法律关系会发生变化吗？

根据《民法典》的规定，即使未成年人的父母已经离婚，父母子女之间的亲属关系不会因为离婚而发生变化，父母依然是未成年子女的法定监护人，对子女负有抚养、照顾、保护的权利和义务。父母不得因离婚而将监护职责全权"委托"给另一方，也不得因离婚而拒绝承担对未成年人的养育职责。

第十问：父母离婚后，未成年人可以变更姓名吗？

根据《民法典》的规定，每一个民事主体都享有姓名权，依法对自己的姓名享有决定和变更的权利。对未成年人而言，在不具有完全民事行为能力的时候，只能由监护人决定其姓名。通常而言，监护人是未成年人的父母，因此，父母会在父亲或母亲的姓氏中选取一个为子女取名。父母离婚之后，该规则依然有效，即未成年人的父母可以在父姓或母姓之间选择一个为子女更名。

二、案例学习

（一）抚养权推诿：夫妻双方只想离婚，均不愿抚养未成年人，怎么办？

1. 事件经过

小王与小丽结婚后生下了民民，但双方性格不合，因为家庭琐事常常争吵不休，矛盾逐渐加剧。小王认为双方感情已经破裂，遂向法院起诉要求离婚。但双方均不愿意抚养四周岁的民民：小王认为自己没有固定工作，无法为民民提供稳定的生活环境；小丽认为自己还要拼事业，无法全身心照顾民民。鉴于原、被告双方均不愿意抚养未成年人，法院不支持原告的诉讼请求，不同意双方离婚。

（AI 作图）

2. **事件评析**

四周岁的民民尚属幼儿阶段，需要父母的关心、关怀和关爱，如果离婚时无须承担抚养的义务和责任，则法院判决离婚无疑会向社会传递错误信号，使人们误认为离婚可以成为逃脱养育责任的一种途径。此外，正如前文在"基础十问"部分所述，父母离婚只会改变夫妻之间的法律关系，不会改变夫妻与其子女之间的法律关系。离婚前与离婚后，父母均是未成年人的法定监护人，均应对未成年人的成长履行监督、保护的职责。

（二）抚养权争夺：父母离婚后，双胞胎姐妹的抚养权由谁定？

1. **事件经过**

典典与正正是双胞胎姐妹，父母因生活琐事经常吵架，终致感情破裂。在两姐妹十周岁的时候，其母亲一纸诉状将两姐妹的父亲诉至法院，要求法院判决离婚。在两个孩子的抚养权问题上，双方各执一词，无法达成一致。在此过程中，法官分别与典典、正正进行交谈，了解她们的真实意愿，询问她们愿意与哪一方共同生活。经过深入沟通，

（AI 作图）

典典表示自己愿意与母亲共同生活，正正表示自己愿意与父亲共同生活。①

2. 事件评析

父母即使离婚也是孩子的父母，虽然不能继续和孩子在一个家庭环境中共同生活，但他们在法律上的身份没有改变，应尽的职责也不会因离婚而有所变更。就孩子的抚养权问题而言，如果双方实在无法协商一致，则可以由法院判决。法院会按照最有利于未成年子女的原则进行判决。同时，年满八周岁的未成年人还可以表达自己的真实意愿，自主选择跟随哪一方生活。

（三）额外抚养费：未成年人意外受伤，可以在抚养费之外请求支付额外费用吗？

1. 事件经过

民民十周岁的时候，父母因性格不合、感情破裂被法院判决离婚。双方约定，民民由母亲抚养，父亲每个月支付 1000 元抚养费。在民民十二周岁暑假的时候，民民母亲给民民报了攀岩兴趣班。不料，在一次训练中，民民因意外事故受伤，被送进医院治疗。在医院治疗的过程中，产生了大额医疗费用。由于民民母亲工资有限，难以支撑，于是民民打电话给父亲，请求其支付医疗费。民民父亲拒绝，认为自己已经按照法院判决每月按时支付了抚养费，无须再另行支付其他费用。

2. 事件评析

离婚后，未直接抚养未成年人的一方需要支付抚养费用，至于费用多少、如何支付可以由双方进行协商，如果协商不成，则可以诉至法院，由法院进行判决。当然，即使作出了判决，随着生活成本的增加或者另一方发生意外事故导致抚养费不够或者无法再支付以前约定好的数额时，未成年人也可以向父母任一方提出超出协议或者判决所确定数额的合理要求。就本事件而言，即使民民父亲已

---

① 改编自新闻报道，参见庞妙姗：《我为群众办实事丨夫妻离婚争夺抚养权　法官倾听孩子心里话》，曲阳县人民法院微信公众号，https://mp.weixin.qq.com/s/-CihOn46ME5GJW-aIKfh2A?，访问日期：2023-9-21。

经支付过当月的抚养费，但其仍然有义务与民民母亲共同负担民民住院治疗的费用。

（四）探望权行使：离婚后，一方拒绝另一方探望未成年人，怎么办？

1. 事件经过

小王与小丽结婚并育有大女儿民民（八周岁）、小女儿典典（四周岁）。双方因性格不合、感情破裂而离婚。双方约定：民民由母亲抚养，典典由父亲抚养；每月可以相互探望孩子一次；每逢国家法定节假日，母亲可与典典共同生活，父亲可与民民共同生活。但是在离婚后的生活中，小王因对小丽心结未解，不愿意配合小丽探望典典。小丽无奈之下，只好向法院申请强制执行。在法院的调解下，小丽与典典终于相见。①

2. 事件评析

探望权是为了保障未成年人在父母离婚后仍然能够和未直接抚养自己的一方相见，从而使未成年人在父母离婚之后依然能够感受到来自父母双方的关爱。因此，在行使探望权的过程中，探望时间、探望地点、探望方式都可以由双方在意思自治的范畴内约定，只要不违反法律、不违背公序良俗，双方的约定就是合法有效的。如果一方无正当理由拒绝另一方合法行使探望权，则被拒绝的一方可以向法院求助，请求保障权利的行使。

（五）抚养方更名：离婚后，抚养方可以给未成年人更改姓名吗？

1. 事件经过

民民父母协议离婚后，约定女儿典典由父亲抚养，儿子民民由母亲抚养。离婚后，民民母亲未经前夫同意将儿子民民的姓改为随自己姓。后来，民民母亲再婚，并另育有一子。民民父亲担心民民无法得到充分的照料，于是将民民接到身

---

① 改编自新闻报道，详情请参见杨炜博：《依法保护探望权，母女相拥暖人心》，河南省鹿邑县人民法院网站，https://lyxfy.hncourt.gov.cn/public/detail.php?id=1637，访问日期 2023-9-22。

边共同生活。在为民民办理入学等手续的过程中，因民民的现用名和曾用名不一致，颇费周折。于是，民民父亲想为民民改回原来的姓名。法院认为：民民在父亲抚养下已形成稳定的生活习惯，且民民已年满八周岁并愿意随父亲、姐姐一起生活，原姓名更利于其健康成长，故判决民民的抚养权为其父亲享有，民民母亲应配合将民民的姓名改回原姓。[1]

2. 事件评析

除法律规定的特殊情况外，未成年人应当随父姓或者随母姓。父母离婚后，未成年人的姓氏不必然随父母离婚而改变，父母对未成年人的监护关系也不随离婚而解除。因此，未成年人在父母离婚后不论是由父亲抚养还是由母亲抚养，抚养一方都应和另一方商量，并且在尊重未成年人自己意愿的基础上考虑更改姓名的事情。

（六）抚养权变更：未成年人的抚养权确定后，还可以变更吗？

1. 事件经过

小王和小丽登记结婚后生育了女孩典典。后二人感情破裂，小王提起离婚诉讼，并享有对女儿的抚养权。双方约定：母亲小丽承担典典的抚养费直至其成年。典典母亲离婚后一直努力工作，按月支付孩子抚养费。但因典典是女孩，随着年龄的增长，已经十七周岁的典典与其父共同生活多有不便，且其父因为工作需要经常出差，无法对女儿进行较好的教育、管理。典典多次主动联系母亲，明确表示愿意随母亲共同生活。典典母亲通过努力工作，已经拥有较为稳定的收入以及较好的生活环境，能很好地照顾孩子的生活。在协商未果的情况下，典典母亲将典典父亲诉至法院，要求变更抚养权，并要求典典父亲每月支付抚养费直至女儿成年。针对典典母亲的诉讼请求，法院予以支持。[2]

---

[1] 改编自新闻报道，详情请参见《女子离婚后擅改孩子姓氏遭前夫起诉　法院：尊重孩子意愿，改回去！》，搜狐网，https://www.sohu.com/a/579737959_698473，访问日期：2023-9-22。

[2] 改编自新闻报道，详情请参见承德市中级人民法院，《以案说法丨承德县法院：法庭说法　法进万家-父母离婚　未成年子女的抚养权如何处理》，承德市中级人民法院网站，https://cdzy.hebeicourt.gov.cn/article/detail/2022/09/id/6926731.shtml，访问日期：2023-9-22。

2. 事件评析

法院在进行抚养权判决或者变更抚养权关系时，通常会按照最有利于未成年子女的原则进行。该原则主要是根据子女所处环境和年龄阶段来判断，是基于具体情况的判断，没有固定的衡量标准或者判断公式。正如前文在"基础十问"部分所述，《民法典》规定了不满两周岁的未成年人的父母离婚，原则上由母亲行使抚养权，因为该年龄段的孩子在喂养上更需要母亲的哺育。就本事件而言，典典已经十七周岁，能够对"跟谁一起生活"的问题形成自己的独立认知和判断。因此，法院在判决的时候，尊重了典典的意愿，将抚养权变更为由母亲一方享有。

（七）阻止父母再婚：父母离婚后，未成年人可以"离家出走"阻止一方再婚吗？

1. 事件经过

民民九周岁的时候，父母离婚。民民一直跟随父亲共同生活，母亲按月支付抚养费。在民民十四周岁那年，父亲重新组建了家庭，并准备生育孩子。民民强烈反对，因为他非常担心父亲再婚后，不会再关心关爱自己，更担心父亲有了新的子女之后会抛弃自己。于是，民民采取了离家出走、自虐等极端方式，试图以此阻止父亲再婚。

（AI 作图）

2. 事件评析

首先，父母子女之间的法律关系不会因为父母离婚或再婚而消除，因此该事件中民民认为父亲会抛弃自己，这种想法是没有法律依据的。其次，《民法典》明确规定，子女应尊重父母婚姻自由的权利，不能干涉父母离婚、再婚、婚后的生活，因此该事件中民民威胁、阻止父亲再婚的行为是违反法律规定的。不论何时，父母与子女的亲情纽带都不会改变，子女应当尊重父母对婚姻的选择与意愿，不应当在担忧和假想中伤害自己、伤害父母。

（八）窃取抚养基金：抚养一方可以擅自处分未成年人的财产吗？

1. 事件经过

民民的父母小王和小丽离婚时，约定将夫妻共同财产 20 万元全部赠与女儿民民，并以民民的名义在银行开设存单并对赠与合同进行了公证。双方在合同中约定：民民成年后可以自行处分该财产，赠与双方均不得在此期间动用该财产及利息；存单由抚养方代为保管。民民的抚养权被判给了母亲小丽，于是存单由小丽保管。数年后，民民父亲心血来潮，到银行查询存单情况，意外发现民民母亲已经分两次将存单内的款项全部取走。于是，民民父亲诉至法院，要求民民母亲退还钱款及利息。民民母亲则认为，赠与民民的财产本来就是源于自己的工作所得，自己拿回来也是应该的。①

2. 事件评析

首先，作为民民的监护人，小丽不能随意处分民民的个人财产，即使要处分，也必须是为了民民的利益（例如，为了民民升学、学习等）。因此，如果民民母亲不能提供证据证明取钱是为了民民的利益，则已违反法律的规定。其次，根据《民法典》的规定，赠与钱财的行为在钱财交付对方以后，无故不能撤销。小丽将钱款赠与民民并办理公证之后，不能再以反悔为由撤销赠与，因此，民民母亲小丽所持有的"将这笔钱拿回"的观点也不符合法律规定。

（九）请求看护补偿：分居期间一方独自照顾孩子，离婚时可以请求补偿相关费用吗？

1. 事件经过

小王和小丽系夫妻，2021 年两人育有一子民民。2022 年，两人因感情不和，

---

① 改编自新闻报道，详情参见邹畅：《夫妻离婚时留给儿子 20 万元共同存款　被女方偷偷取光》，中国青年网，http://news.youth.cn/sh/201706/t20170615_10074606.htm，访问日期：2023-9-22。

协议分居。分居期间，民民一直由小丽一人照顾、抚养。现小王将小丽诉至法院，要求解除婚姻关系。小丽表示，愿意离婚，但称自分居以来，小王从未给过孩子任何抚养、生活的费用，所以小丽要求小王与自己共同负担分居期间照顾儿子所产生的费用，并要求小王按月支付抚养费直至民民成年。[①]

2. 事件评析

小丽的主张于法有据。在小王和小丽分居期间，二人没有共同生活，既没有相互扶持，也没有相互关心，已经是"自己挣钱自己用"的生活状态。因此，在抚养民民的过程中，若无相反证据证明，则可以视为小丽使用的是自己的个人财产。小王作为民民的父亲，理应与民民母亲共同负担抚养、教育、保护民民所产生的费用。因此，小丽在离婚时的主张应当得到法院的支持。

三、知识自测

小王与小丽离婚时约定：十二周岁的儿子民民由小丽抚养，小王每年支付5000元抚养费，直至民民大学毕业；小王每个月可以探望民民一次。离婚后，民民的爷爷奶奶非常想念孙子，想探望民民，但遭到小丽拒绝。于是，小王威胁小丽："如果你不让我父母看望孩子，我就不再支付抚养费！"小丽感到害怕，担忧小王不再支付抚养费，于是只好答应让爷爷奶奶探望民民。后来，民民逐渐长大，十六周岁时顺利考入某高中。在高一的暑假，学校组织学生到国外参加竞赛，需要缴纳一定的费用，也需要提前准备一定的生活开支。民民联系了父亲，希望父亲能资助大部分开销。

（一）判断题

民民的爷爷奶奶享有对民民的探望权吗？

[①] 参见赵静、齐琦：《夫妻离婚感情可以少　但孩子的权益不能少》，酒泉市中级人民法院网站，https://jiuquan.chinagscourt.gov.cn/Show/86693，访问日期2023-11-20。

------ 答案及解析 ------

答案：不享有。

解析：根据《民法典》的规定，探望权的行使主体是未成年人的父母。祖父母、外祖父母均没有被纳入法律规定的探望权主体范围。但是，祖辈对晚辈的关心是未成年人需要的，因此在不妨碍未成年人正常生活的前提下，抚养方应体恤祖辈的心情，尽量满足其探望需求。

（二）辨析题

小王可以中途停止支付民民的抚养费吗？为什么？

------ 答案及解析 ------

答案：不可以。

解析：根据《民法典》的规定，离婚后，未直接抚养未成年人的一方应当支付抚养费，支付方式和期限由双方协商。如果双方协商不成，则可由法院判决。因此，就本题目而言，民民的父亲小王不得擅自停止抚养费的支付，否则，就是对抚养协议的违背，需要承担相应的法律责任，民民的母亲可就此问题诉至法院，请求法院的支持。

（三）简答题

民民可以要求父亲在抚养费之外另行负担自己的开销吗？

------ 答案及解析 ------

答案：可以。

解析：《民法典》已经就此问题作出了明确规定，不论未成年人的父母在离婚时是通过协议还是判决达成了抚养费支付的约定，都不影响未成年子女在必要的时候另行要求支付其他费用。只要该笔费用是必要开支，并且数额符合常理，则被请求支付的父亲或者母亲不得以自己已经支付了抚养费为由拒绝。

四、本章相关法条

《民法典》第二十六条　　　　《民法典》第一千零六十九条

《民法典》第二十七条　　　　《民法典》第一千零八十四条

《民法典》第三十四条　　　　《民法典》第一千零八十五条

《民法典》第六百五十八条　　《民法典》第一千零八十六条

第十章
遗赠中未成年人的权利保护

一、基础十问

第一问：什么是遗赠？

遗赠是自然人对个人合法财产的处分方式，是指自然人在自己死亡前通过立遗嘱的方式将自己的个人合法财产赠与国家、集体或者法定继承人以外的组织或者个人的法律行为。例如，老王在生前用立遗嘱的方式将自己财产的三分之一留给儿子民民、三分之一留给女儿典典，剩下三分之一留给邻居赵大爷。在此案例中，民民和典典是老王的法定继承人，因此该二人对老王财产的继承属于遗嘱继承；赵大爷不属于法定继承人的范围，因此赵大爷对老王财产的获得方式便属于遗赠。

第二问：哪些财产可以遗赠给未成年人？

人死亡时留下的所有个人的合法财产均是可以被继承的财产，都可以遗赠给未成年人。"个人的"财产意味着是被继承人自己一个人的财产，不是和其他人共有的财产。例如，老王在婚后购置了一套房屋，如果老王想要将该房产遗赠给十周岁的邻居典典，则只有在确定自己所占产权份额后，针对该房产的遗赠才会发生效力，因为在共有财产中，共有人无权单独处分共有物。"合法的"财产意味着发生遗赠的财产必须是通过合法方式获取的，对于通过违法方式获得的财产，诸如抢来的钱、偷来的名画等，均无法用于遗赠。

第三问：胎儿有权接受遗赠吗？

自然人从出生时起就享有一种资格，正因为这种资格的享有，自然人才可以平等地享有权利、履行义务，这种资格在法律上有一个专属名称——民事权利能力。胎儿在没有出生之前，严格来讲不算是一个真正的"人"，因为民法上对于"人"的界定始于"出生"。但是胎儿在被孕育后，最终大概率会来到这个世界，因此，为了保护胎儿未来的合法权益，《民法典》为胎儿预先保留了继承遗产、接受赠与的资格。

第四问：未成年人有权被遗赠吗？

人从出生时起到死亡时止，都平等地享有民事权利能力；既不会因性别而有所差异，也不会因年龄而有所区别。从广义上来说，被遗赠是接受赠与的一种，对未成年人而言，是纯获利益的行为。对不满八周岁的未成年人而言，其虽然尚未获得民事行为能力，但可由其法定代理人代为接受遗赠；对八周岁以上的未成年人而言，其已经可以独立实施纯获利益的行为，即可以独自接受遗赠。

第五问：未成年人有权遗赠他人吗？

接受遗赠是一项权利，遗赠他人是一种行为。既然是行为，就需要有相应的行为能力，方可发生法律效力。不满八周岁的未成年人属于无民事行为能力人，需要在法定代理人的代理之下开展民事活动，因为该年龄段的未成年人还没有形成较为理性的判断和认知，对相关物品的价值处于不甚了解的状态，需要由其法定代理人"把关"。八周岁以上不满十八周岁的未成年人属于限制民事行为能力人，可以独立实施与其年龄、智力相适应的民事活动或者是纯获利益的行为。将个人物品遗赠他人显然不属于遗赠人的纯获利益行为，因此，在判断该年龄段的未成年人是否有权将个人物品遗赠他人时，需注意判断该行为所涉财产种类及财产价值是否与其年龄、智力相适应。例如，对九周岁的未成年人而言，将自己的文具用品遗赠给他人是符合常理与常识的，将巨额存款遗赠给他人则需要法定代理人的审核与确认。

第六问：监护人可以替未成年人作出放弃接受遗赠的决定吗？

《民法典》规定监护人在进行监护时，需要按照最有利于被监护人的原则进行监护。遗赠属于纯获利益的行为，对未成年人而言，是对其个人财产的增益。因此，在不具有特殊原因的情况下，监护人代未成年人作出拒绝接受遗赠的决定是对被监护人利益的侵害。需要注意的是，结合《民法典》的规定，监护人在知道被监护人受遗赠的事实后的60日内，应当就是否接受遗赠作出意思表示。

第七问：未成年人接受或者拒绝接受遗赠的时间怎样计算？

遗赠和法定继承、遗嘱继承不同之处在于，受赠人需要在法律规定的时间内就是否愿意接受遗赠作出意思表示。具体而言，根据《民法典》的规定，遗赠自遗赠人死亡时产生效力。此时，遗产管理人或者其他继承人可以就遗赠的事实通知受遗赠人及其法定代理人。从受遗赠的未成年人及其法定代理人明确收到通知或者应当知晓受遗赠的事实之日起计算60日，在该时间段内未成年人的法定代理人需要代其作出决定。作出决定的方式有两种：可以直接表示接受遗赠或者拒绝接受遗赠；可以保持沉默，直至60日的法定期间届满后，被视为拒绝接受遗赠（如图1所示）。

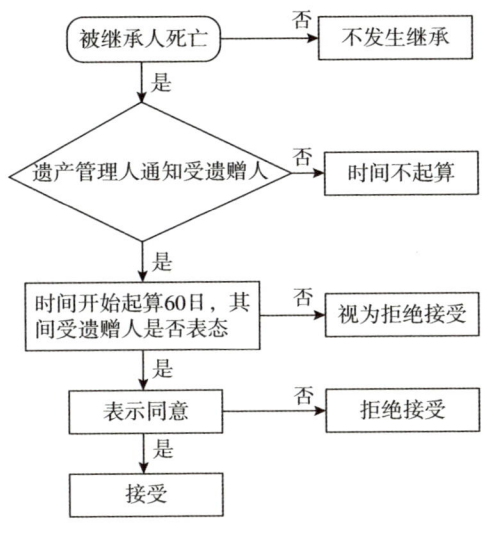

图 1　接受/拒绝遗赠流程梳理

第八问：未成年人怎样才能取得受遗赠的财产？

首先，受遗赠人需要在规定的期限内作出接受遗赠的表示，因此，不满八周岁的未成年人的监护人需及时在法定期限内代理未成年人作出接受遗赠的意思表示；八周岁以上的未成年人既可以自己接受也可以让监护人代自己接受。在监护人或者未成年人本人作出接受遗赠的意思表示后，遗赠才真正开始。其次，若他人遗赠给未成年人的是金钱、房屋、名画、古琴等物品，那么遗产管理人需要通过交付或登记向未成年人的法定代理人或未成年人本人进行财产所有权的转移。

第九问：未成年人与遗赠行为人之间是什么法律关系？

第一，遗赠只要求遗赠行为人一方的意思表示即可成立，说通俗一点，即"我的遗产我来决定"，遗嘱中遗赠的内容是否有效只会取决于立遗嘱人的意思表示，与他人无关。第二，遗赠只有在遗赠行为人死亡后才发生效力，即如果遗赠行为人没有死亡，则就算其已经立下含有遗赠内容的遗嘱，此时仍不生效，即便未成年人知道遗赠内容后马上作出接受的表示，该表示也无法律效力。第三，遗赠是无偿的，未成年人在接受遗赠时无须支付费用。第四，如果遗赠上附有义务，那么受遗赠人在接受遗赠的同时还需履行义务。

第十问：未成年人可以接受附义务的遗赠吗？

民法尊重意思自治原则，在法律和公序良俗允许的范围内，民事主体的意思自治发生当事人期待的法律效力。因此，在立遗嘱时，被继承人可以针对遗赠自主作出意思表示，其中，可以针对遗赠给未成年人的财产附条件，但是该条件应是合法的。例如，被继承人可以将自己的财产遗赠给未成年人，并要求该未成年人帮助自己养宠物；又如，被继承人可以将自己的房屋遗赠给未成年人，并要求该未成年人按时打扫房屋以保持整洁。如果未成年人由其法定代理人接受了附义务的遗赠，却没有按照被继承人的遗嘱履行相关义务，则利害关系人可以请求取消其接受附义务部分遗产的权利。

二、案例学习

（一）公益遗赠：未成年人可以将财产遗赠给居委会吗？

1. 事件经过

典典十六周岁的时候，因病去世。典典去世之前，通过监护人爷爷立下遗嘱，将自己做家教所积攒的价值约 3 万元的财产全部赠与一直关心帮助自己的居委会。典典去世之后，数年未出现的生母现身，要求继承典典的财产。居委会无奈之下，将典典的生母诉至法院，要求法院确认遗赠有效。

2. 事件评析

《民法典》规定，任何自然人都可以通过立遗嘱的方式将其个人合法财产在死后赠与法定继承人以外的其他主体，这里的"其他主体"可以是某个自然人，也可以是某个组织。本事件中的居委会符合《民法典》关于受遗赠人资格的规定，遗赠依法有效。

（二）迟到表示：未成年人的监护人未及时作出接受遗赠的意思表示，怎么办？

1. 事件经过

未成年人典典今年十周岁，是老王的孙女。老王在生前留下遗嘱，表明其名下两套房产由典典和自己的两个儿子共同继承。老王去世后，三方就遗嘱的执行发生了争议。典典的小叔认为：典典的法定代理人未在受遗赠后60日内作出接受遗赠的表示，应当视为已经放弃接受遗赠，即典典无法分割老王的遗产。法院认为：典典作为未成年人，当赠与人明确表示将赠与物赠给未成年人个人时，应当认定该赠与物为未成年人的个人财产。法定代理人一般不能代理被代理人放弃受遗赠权。法定代理人在知晓遗赠事实时不作表示的，不能视为已经代未成年人放弃了接受遗赠的权利。①

（AI 作图）

2. 事件评析

《民法典》规定，遗赠从遗赠人死亡时开始，受遗赠人在知道或者应当知道自己受到他人遗赠之日开始60日内没有作出接受或者放弃的表示的，视为放弃。但是本事件中典典只有五周岁，无法自己决定是否接受遗赠，只能由其法定代理人代为决定；接受遗赠是纯获利益的行为，法定代理人一般不会代未成年人作出放弃接受遗赠的意思表示，因为这明显是损害未成年人合法权益的行为，不符合"最有利于未成年人"原则。基于此，法院认为，法定代理人知晓遗赠事件但没有作出表示或者直接明示放弃的，不能视为未成年人放弃遗赠。

---

① 改编自新闻报道，详情请参见天津高法：《依法保护未成年人合法权益案例七：张小某与张某某等继承纠纷案》，澎湃网，https://m.thepaper.cn/baijiahao_7713219，访问日期：2023-9-23。

（三）意思推定：未成年人可以通过行为表示接受他人遗赠吗？

1. 事件经过

民民今年十六周岁，与邻居王爷爷、王奶奶关系很好，经常去照顾两位老人。邻居王爷爷、王奶奶去世后留有一套房产，并在遗嘱中将该房产赠与民民。自邻居王爷爷、王奶奶去世后，民民一直居住在该房产内。多年后，王爷爷、王奶奶的两个儿子认为自己也享有继承权，于是，要求民民向他们支付该房产的折价款，并认为民民没有在法律规定的60日内作出接受遗赠的意思表示，应当视为拒绝接受遗赠。法院经审理认为：作出接受遗赠的方式不应当拘泥于直接的、明确的意思表示，该案中民民长期居住在王爷爷、王奶奶的房屋内的行为已经构成间接的意思表示，应当认定其已经通过自己的行为表示愿意接受遗赠。①

（AI作图）

2. 事件评析

从前文可知，未成年人在获知被遗赠的事实后，应在法定期限内作出接受或拒绝接受遗赠的意思表示。但是，对于作出意思表示的具体方式，法律没有进行详细的规定。因此，需要在生活中结合具体情况进行判断。例如，本事件中民民虽然没有通过书面或口头的方式表示"我愿意接受王爷爷、王奶奶的遗赠"，但是其已经通过实际居住在受遗赠财产中的行为表明了自己的意愿。法律源于生活，只要根据常人的理解符合"接受遗赠"的意思，就应认定为受遗赠人已经接受了遗赠行为人的赠与。

---

① 改编自新闻报道，详情请参见贺辉、徐卫岭：《被遗赠人实际居住可否认定为接受房屋遗赠？》，中国法院网，https://www.chinacourt.org/article/detail/2022/01/id/6500419.shtml，访问日期：2023-9-23。

（四）请求交付：未成年人可以根据遗赠扶养协议请求交付相关财产吗？

1. 事件经过

老王年老体弱，妻子已去世，儿女外出务工，常年不在身边。民民十七周岁，因父母外出务工无人管理，辍学在家，通过网络直播赚钱，自食其力。老王与民民关系较好，于是两人约定：老王生病住院期间，由民民悉心照料；老王去世后，民民负责为其送终；老王愿意在去世后将自己的房产遗赠给民民。半年后，老王去世。民民依约请求老王儿女将房产交付自己。

2. 事件评析

遗赠扶养协议指的是没有赡养关系的双方通过协议约定，一方扶养照顾另一方，另一方将遗产留给对方的协议。对遗赠人而言，满足了其生活实际需求；对受遗赠人而言，是对其所付出辛劳的肯定。民法尊重意思自治，只要遗赠扶养协议中所约定的内容既不为法律所禁止，也不为公序良俗所禁止，则约定有效。本事件中，民民虽然不满十八周岁，是未成年人，但是民民能够通过自己的劳动所得自食其力，属于《民法典》规定的可以被视为完全民事行为能力人的情形。因此，双方所订立的遗赠扶养协议有效，民民有权要求老王的继承人将房产交付自己。

（五）对抗遗嘱：未成年人可以依据法定继承人的身份对抗遗嘱吗？

1. 事件经过

老王有一养子正正，无其他亲人和子女。正正十三周岁时，老王将其送至国外留学。正正很少回来看望老王，几乎将时间全部花在了周游世界上。后来，老王生病期间，均由其邻居照顾。因此，老王立下遗嘱，将自己的财产全部留给邻居。老王病故后，正正回来与邻居争夺老王的遗产，双方诉至法院。

2. 事件评析

根据《民法典》的规定，继承开始后，应按法定继承办理，若有遗嘱，便应尊重被继承人生前的意愿，按照遗嘱或者遗赠办理。因此，在本事件中，正正虽然是老王的法定继承人，但是在老王立有遗嘱的情况下，遗嘱继承优先于法定继承。因此，老王的邻居可以依据遗嘱内容，要求继承老王的遗产，正正无法继承。

（六）对抗遗赠扶养：未成年人可以依据遗嘱继承人的身份对抗遗赠扶养协议吗？

1. 事件经过

老王有一养子正正，无其他亲人和子女。正正十三周岁时，老王将其送至国外留学。出于对养子的喜爱，老王很早便立下遗嘱，将自己的财产全部留给养子正正。后老王生病，当时正正在国外念高中，无法照顾养父。老王与邻居老李签订了遗赠扶养协议，约定由老李负责自己的生养死葬，死后自己的遗产由老李全数继承。后老王病故，邻居老李将老王下葬，随后正正主张自己应根据遗嘱继承养父财产，将老李诉至法院。

（AI 作图）

2. 事件评析

根据《民法典》的规定，继承开始后，需要按法定继承办理，若有遗嘱，则应按照遗嘱或者遗赠办理；若有遗赠扶养协议，则应以该协议优先。在本事件中，虽然老王生前立下遗嘱，要将自己的遗产全部留给养子，但随后其又与邻居签订了遗赠扶养协议，且该协议的内容与遗嘱的内容全部相抵触。根据《最高人民法院关于适用〈中华人民共和国民法典〉继承编的解释（一）》的规定，与遗赠扶养协议抵触的遗嘱部分或全部无效，故邻居老李有权依据协议继承老王的遗产，这也是对被继承人生前意愿的尊重。

（七）效力判断：受赠人死亡，赠与人尚存于世，遗赠有效吗？

1. 事件经过

小王（三十五周岁）是一位知名画家，其生病后，与民民（十二周岁）是一个病房的病友。因为常年住院，病床毗邻，二人成为忘年交。一次，在闲聊中，小王得知民民喜欢画画，并且非常喜欢自己的一幅画作。小王遂在自己的遗嘱中写下，"我愿意将自己的画作《荷花池畔》遗赠给民民"。不料，小王立下遗嘱次日，民民因病情恶化死亡。后来，民民的父母从他人口中得知小王的遗嘱信息后，要求小王按照遗嘱内容交付《荷花池畔》的画作。

（AI 作图）

2. 事件评析

遗赠要有效，首先需要遗赠人死亡，否则不满足遗赠发生效力的条件。在本事件中，其一，遗赠人小王尚在人世，只是通过遗嘱表达了愿意将自己的画作在自己死后赠与民民的意思表示。其二，小王作为画作的著作权人，有权决定画作的处分方式，无论是赠与他人，还是卖给他人，均应由小王决定。民民父母无权依据遗嘱内容，要求小王交付财产。

（八）遗赠条件：未成年人需要支付一定费用才可以获得被遗赠的财产吗？

1. 事件经过

老王（六十周岁）很喜欢自己的乒乓球友典典（十四周岁）。一日，老王淘到一副具有收藏价值的乒乓球拍，便计划等自己死亡后将这副拍子赠送给典典，以此纪念二人的友谊。于是，老王立下遗嘱，在遗嘱中表达了自己将这副乒乓球拍遗赠给典典的意愿。两年后，老王因病去世，老王的儿子小王发现遗嘱，并通知典典："如果你想拿到这副乒乓球拍，就需要支付 1000 元。"典典很想要这副乒乓球拍来纪念老王，只好支付了 1000 元给小王。典典母亲得知此事后，将小王告上法庭，要求退还该 1000 元。

2. 事件评析

遗赠行为是无偿的行为，即受遗赠人无须支付费用就可以按照遗赠协议获取财产。因此，小王要求典典支付 1000 元才能将遗产交付典典的行为于法无据。此外，典典作为限制民事行为能力人，只能独立从事与其年龄、智力相适应的民事活动或者是纯获利益的活动，对于超出了常识与常理范围的行为，应当由未成年人的法定代理人代理，或事前同意，或事后追认。典典母亲将小王诉至法院的做法显然是对典典相关行为的拒绝追认，小王应退还典典 1000 元，无偿将所涉财产按照遗赠协议内容交付典典。

（九）玉佩归属：祖传玉佩应归谁所有？

1. 事件经过

老王有三个儿子大王、小王、小小王，三个儿子分别育有一个孩子，分别为民民（十周岁）、典典（九周岁）、正正（九周岁）。老王有一块祖传玉佩，曾多次表示要将这块祖传玉佩赠与民民，民民也表示愿意接受，但老王一直没有将这块玉佩交给民民。后老王又立遗嘱将玉佩赠与典典，但老王在临终前却将玉佩直接交给了正正。

（AI 作图）

2. 事件评析

首先，老王最开始表示将玉佩赠与民民且民民也表示接受的行为，是单纯的赠与行为，而赠与行为须交付赠与物，物的所有权才发生转移。简言之，老王需要将玉佩交给民民，民民才能获得玉佩的所有权。但老王一直未将玉佩交给民民，说明玉佩仍然是老王的个人财产。其次，老王将玉佩赠与正正并当场交付的行为，符合赠与的法律要件，即玉佩通过交付完成了所有权的转移，应当归正正所有。最后，老王立遗嘱将玉佩遗赠给典典的行为属于遗赠，遗赠要以遗赠人死亡为基础，即老王死亡，典典才能继承老王的遗产，但是，遗赠的物品——玉佩在老王生前就已经归正正所有了，即该玉佩已不再是老王的遗产。对于不属于遗产的财产，典典无法请求交付。

三、知识自测

老王有一儿子小王，无其他亲人。2020年，老王立下遗嘱，内容如下：第一，在自己过世后，将自己位于市中心的房屋留给儿子小王；第二，在自己过世后，将自己位于城南的房屋留给孙子民民（十周岁）；第三，在自己过世后，将自己位于城北的房屋留给儿媳腹中的胎儿；第四，在自己过世后，将自己的个人存款5万元捐赠给自己目前所在的养老机构。2023年1月5日，老王过世，小王在办理完老王的后事后，于1月20日告知养老机构老王向其捐赠5万元的事情，2月20日，养老机构表示接受遗赠。小王认为自己是民民的父亲，作为民民的法定代理人，有权替民民拒绝接受老王所赠的房屋，因而便将该房屋登记于自己名下，但民民对父亲的行为表示反对。

（一）问答题

上述案例中属于遗赠的有哪些？

------ 答案及解析 ------

答案：城南的房屋、城北的房屋和5万元款项。

解析：老王留给孙子民民以及儿媳腹中胎儿的房产以及老王留给养老机构的5万元款项属于遗赠，因为遗赠是指自然人将遗产以遗嘱的方式赠与国家、集体或者法定继承人以外的组织、个人的行为。本题中，小王是老王的法定继承人，民民作为老王的孙子并非其法定继承人，儿媳腹中的胎儿不是其法定继承人，养老机构也非老王的法定继承人。

（二）选择题

下列说法正确的是（　）

A. 养老机构可以获得老王遗赠的 5 万元款项

B. 老王儿媳腹中的胎儿不可以接受老王的遗赠

C. 民民不可以获得老王遗赠的房屋

D. 小王代替民民拒绝老王遗赠的行为有效

--- 答案及解析 ---

答案：A

解析：A 选项中，养老机构在知道被遗赠后的一个月就接受了遗赠，属于《民法典》所规定的"六十日内"，故接受有效，养老机构可以获得老王遗赠的 5 万元。B 选项中，为了保护胎儿的利益，《民法典》规定了继承、接受赠与等纯获利益的事项胎儿有资格接受，可以由胎儿的父母作为法定代理人来代为接受。故该选项错误。C 选项中，民民已满八周岁，对于纯获利益的接受赠与的行为可以自己发表意见，且该意见具有法律效力。即使小王是民民的法定监护人，也应当按照最有利于被监护人的原则进行监护，不得做出损害民民利益的行为，故小王代替民民放弃接受遗赠的行为不对民民发生效力。故 C 选项、D 选项错误。

四、本章相关法条

《民法典》第十三条　　　　　《民法典》第十九条

《民法典》第十六条　　　　　《民法典》第二十条

《民法典》第三十四条　　　　《民法典》第一千一百二十四条

《民法典》第三十五条　　　　《民法典》第一千一百三十三条

《民法典》第一千一百二十二条

篇三

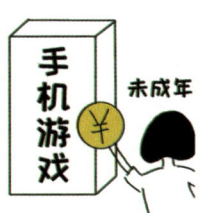

民法典与未成年人线上网络生活 50 问

第十一章
未成年人个人信息相关权利的保护

一、基础十问

第一问：什么是个人信息？

个人信息是指以电子或者其他方式记录的，能够直接或间接识别到特定自然人的信息，比如姓名、出生日期等。个人信息中包含了信息主体的生物特征、生活轨迹、人格特征，因此基于对人格尊严、人格独立、人身自由的保护，法律保护个人信息。个人信息的呈现方式多样，在互联网尚未普及时，个人信息通过纸质的方式记载。随着信息技术的不断发展，个人信息越来越多地通过电子的形式来呈现。

第二问：哪些属于未成年人的个人信息？

未成年人的个人信息范围广泛，很难一一列举，记录方式也多种多样，既可以通过电子的方式记录，也可以通过纸质等方式记录。个人信息界定的核心在于：直接识别或者与其他信息结合之后能够识别特定的自然人。在我们的生活中，有些信息因具有独一无二的特征，能够直接识别特定的自然人，如姓名、护照号、身份证号、指纹等。另有一些信息虽然不具有直接识别性，但是一旦和其他信息相结合，也能够识别特定的自然人，如生日、网页浏览记录、IP 地址、微信好友列表、消费记录等。除此之外，未成年人已经绑定身份信息的社交账号、游戏账号等电子信息，也属于可以识别特定未成年人的个人信息。未成年人个人信息常见内容见表14。

表14 未成年人个人信息常见内容

常见类别	常见内容	举例说明
个人基本资料	姓名、性别、生日、民族等	注册QQ、微信等社交软件时所填写的生日、姓名、性别等信息
生物识别信息	指纹、人脸、声音、虹膜等	授权刷脸支付、指纹支付等应用软件时所录入的面部信息、指纹信息等
个人身份信息	身份证、学生证、护照、社保卡、网络ID等	已经实名认证的游戏账号、社交账号等账号密码信息也属于个人信息
个人财产信息	银行卡号、存款信息、交易记录、虚拟财产等	理财类软件中的每月账单；游戏账号中购买皮肤、装备的交易信息；游戏兑换码；等等
个人健康信息	身体数据、病历单、就诊记录、疾病信息、过往病史、家庭遗传病史等	运动类App中的每日步数；在校体测时的体重、身高、肺活量等信息
个人位置信息	行踪轨迹、定位信息等	地图导航App所记录的用户个人行踪轨迹、足迹点、导航轨迹、地理位置等信息

第三问：为什么要特别保护未成年人的个人信息？

个人信息承载着各种人格权益、身份权益、财产权益，对个人信息的侵害将直接导致信息主体的相关民事权利受损。根据《个人信息保护法》的规定，我国将未满十四周岁的未成年人的个人信息列为敏感信息，制定了更为严格的个人信息处理规则。因为在大数据时代，个人信息处理的技术和手段都发生了翻天覆地的变化，某些个人或组织会为了谋取不正当利益而对未成年人的个人信息过度采集、使用，并进行交易。这些非法的信息处理方式，不仅会侵扰未成年人的日常生活安宁，还可能对其人格尊严、人格自由、人身安全和财产安全造成严重影响，不利于未成年人的健康成长。因此，需要特别保护未成年人的个人信息。

第四问：与未成年人个人信息相关的权利有哪些？

未成年人个人信息相关权利内容见表15。

表15 未成年人个人信息相关权利内容

权利类型	权利内容
知情权	知悉收集方式、处理目的、处理规则、用途
决定权	自我决策是否同意他人收集并处理个人信息
查阅复制权	查阅、复制个人信息
可携带权	携带并转移与自己有关的个人信息
更正补充权	更正、补足个人信息
删除权	删除个人信息
解释说明权	要求个人信息处理者对处理规则进行释明

根据《民法典》和《个人信息保护法》的规定，未成年人就个人信息享有如下七种权利。其一，知情权。该权利是指未成年人就个人信息的收集与否、收集方式、处理目的、处理规则、使用用途等情况享有知悉的权利。其二，决定权。该权利是指未成年人在知情的基础上，可以针对个人信息的收集与否、收集范围、使用用途进行决策。此处需要注意的是，根据《个人信息保护法》的规定，未满十四周岁的未成年人无法独立行使个人信息决定权，需要征得其法定代理人的同意。其三，查阅复制权。该权利是指未成年人有权要求个人信息处理者提供已收集、已处理的个人信息以进行查阅和复制，通过该权利的行使，个人信息主体能够较为全面地了解个人信息被收集与处理的情况。其四，可携带权。该权利是指未成年人有权要求个人信息以可携带的方式提供，从而便于未成年人将相关个人信息转移到其他平台或提供给其他的信息处理者。其五，更正补充权。该权利是指当未成年人发现自己的个人信息不准确或不完整时，未成年人、父母或者其他监护人有权要求个人信息处理者进行更改或补充。因为如果被记录的个人信息和真实个人情况出现了误差，则可能会对其生活各方面造成影响。例如，个人信息主体发现购物软件里所留存的收货地址信息有误时，可行使更正权，避免无

法正常收到所购物品。其六，删除权。该权利是指未成年人、父母或者其他监护人有权要求个人信息处理者将其所处理的未成年人个人信息进行删除。例如，当个人信息处理者已经不再提供服务或双方约定的个人信息存储期限已届满时，个人信息主体可以请求删除个人信息。需要注意的是，处理未满十四周岁未成年人的个人信息需经过监护人同意，若监护人不愿再将未成年人的个人信息交由其处理，则可径直要求个人信息处理者删除相关个人信息。其七，解释说明权。该权利是指当个人信息主体无法理解或无法完全理解个人信息处理者所制定的个人信息处理规则时，有权要求个人信息处理者用清晰直白、通俗易懂的语言进行解释与说明。

第五问：未成年人的个人信息可以用于交易吗？

不可以。个人信息承载了自然人的人格利益，反映了自然人的人格尊严，不符合法律对"财产"的定义。未成年人的个人信息反映了未成年人的生活状况、成长状况、发育状况，若用于交易，则会侵害未成年人的生活安宁与健康成长。

第六问：未成年人的个人信息被泄露怎么办？

根据《民法典》的规定，自然人的个人信息受法律保护，个人信息中的私密信息同时适用隐私权保护的有关规定。监护人若发现被监护人的个人信息被非法收集、处理，则有权以侵犯隐私权、侵害个人信息为由提起民事诉讼，要求侵权行为人停止侵害，并请求对方承担赔偿损失、消除影响、赔礼道歉等民事责任。

第七问：未成年人可以独立授权他人采集自己的个人信息吗？

该问题需要分情况讨论。情形一：对于未满十四周岁的未成年人，不能就其个人信息的被采集进行独立授权，需要征得其父母或其他监护人的同意。因为未满十四周岁的未成年人对于处理个人信息的行为将产生什么样的后果缺乏认识和理解，也可能意识不到自身享有何种权利以及如何积极维护自身的合法利益。情形二：对于十四周岁以上的未成年人，虽然原则上享有独立授权他人采集个人信息的能力，但是依然应当根据所收集的信息内容、信息处理的用途等因素进行综合考量。

第八问：平台处理未成年人的个人信息应遵循什么原则？

平台处理未成年人的个人信息应当遵循合法、正当、必要和诚信的原则，不得以误导、欺诈、胁迫等方式处理相关个人信息。合法原则是指个人信息处理者应当遵守《民法典》《个人信息保护法》等相关法律，方可收集与处理未成年人的个人信息。正当原则是指个人信息处理者应当以正当的方式、正当的目的收集和处理未成年人的个人信息。必要原则是指个人信息处理者应秉持相关性原则，不能过度、肆意收集与处理未成年人的个人信息，不能仅宽泛地说明"为了更好地为您提供服务""为了提升产品质量"，而是应当有明确、具体、合理的范围限定。诚信原则是指个人信息处理者应秉持诚实、恪守承诺的精神收集与处理未成年人的个人信息。

第九问：平台是否有权对未成年人的个人信息进行二次利用？

未成年人的个人信息应当受到特别保护。我国《民法典》及其他法律法规都明确规定，在收集、处理未成年人信息时，应当征得未成年人或监护人的明确同意。平台在进行二次利用时，原处理目的、处理方式、处理信息的种类或者其他法律法规所规定的事项发生实质性变化的，应当再次取得未成年人本人（十四周岁以上）或其监护人（未成年人不满十四周岁）的同意。

第十问：是否必须取得个人同意才可处理个人信息？

原则上，应当在取得个人同意的前提下才能够处理个人信息。但是，在法律规定的如下情况中，个人信息处理者可以在未经个人信息主体的同意下进行处理。情形一：处理个人信息是订立、履行由个人信息主体作为一方当事人的合同，或者是依法制定的劳动规章制度和依法签订的集体合同的实施所必需。情形二：处理个人信息是履行法定职责或者法定义务所必需。情形三：处理个人信息是为了应对突发公共卫生事件，或者是为了在紧急情况下保护自然人的生命健康和财产安全。情形四：处理个人信息是为了公共利益，且是在合理的范围内进行处理。情形五：个人信息处理者是在合理的范围内处理个人自行公开的个人信息或者其他已经合法公开的个人信息。

二、案例学习

（一）学信码被盗：学信码属于个人信息吗？

1. 事件经过

十七周岁的民民为某高校工商管理学院大学一年级的学生。在暑期社会实践的过程中，受某企业蛊惑，民民在学校的学生干部群里发布了调查问卷，问卷的最后一步要求填写人登录学信网并填写学信码。问卷的发起人隐瞒了学信码的真实用途，导致部分学生的学信码被盗用。[1]

2. 事件评析

根据我国《民法典》的规定，能够单独或者与其他信息结合识别特定自然人的信息即个人信息。条文里所述的个人信息虽然没有直接列举"学信码"，但是学信码与学籍学历认证、考研报名、调剂、录取等诸多重要个人事项直接挂钩，其重要性不亚于身份证。并且，每一位学生都会有一个专属的学信码，即凭借学信码就可以识别特定学生。因此，学信码属于个人信息，民民的行为其实已经导致同学们的个人信息被泄露。

---

[1] 改编自情况通报，详情请参见信阳师范大学：《关于调查问卷引发网络舆情的情况说明》，https://weibo.com/1846125430/4815879050625159，访问日期：2023-9-30。

（二）病历被泄露：病历属于个人信息吗？

1. 事件经过

民民今年九周岁，因患病前往某市医疗机构治疗。但该医疗机构在信息安全管理方面出现差错，致使民民在医疗机构留存的个人病历信息被泄露。在此之后，民民总是频繁接到保险公司的骚扰电话，不胜其烦。而且，由于病情信息被泄露，民民在学校受到了很多嘲笑和侮辱，这给民民带来了诸多负面影响，造成了沉重的心理负担。

2. 事件评析

病历中不仅包括民民的姓名、年龄、电话号码等个人信息，还包括其健康状况、生理缺陷、病情、诊断结果等医疗健康信息。此类信息泄露，一方面会使民民频遭推销药物产品等骚扰电话侵扰，破坏生活安宁；另一方面，更会让民民在学习生活中受到他人的歧视，损害其人格尊严，影响心理健康。

（三）算法推送：短视频 App 可以收集儿童的个人信息吗？

1. 事件经过

民民今年十二周岁，在某短视频软件中注册了个人账号并发布了一些短视频。但该软件在没有征得民民监护人同意的情况下，允许民民注册了账号，并收集、存储了民民的面部、声音等敏感个人信息，以及民民的网络账户、位置信息、联系方式等。此外，该软件未经民民监护人的同意，擅自通过算法对所收集到的信息进行分类画像，并向其他用户进行个性化推送，导致其他用户通过

（AI 作图）

该软件的私信联系到了民民，对其实施了猥亵。①

2. 事件评析

未成年人的个人信息保护应当被重点关注。由上述事件可以看出，一旦未成年人个人信息被泄露或非法处理，不仅有侵害财产安全的风险，更可能会导致未成年人的人身安全受到侵害，造成不可挽回的后果。首先，《民法典》规定了个人信息的收集和处理应当遵循最少且必要的原则，对短视频 App 而言，其主要功能是提供短视频浏览，因此其要求用户在注册时提供位置信息和面部特征并非必要；其次，根据《个人信息保护法》的规定，处理不满十四周岁的未成年人的个人信息时应当征得其监护人的同意。该 App 没有以显著、清晰的方式告知并征得民民监护人的同意，属于违法处理用户个人信息行为。

（四）买卖信息：未成年人的个人信息可以被出售吗？

1. 事件经过

自 2019 年 2 月起，张三从网络购入 4 万余条未成年人的个人信息，包括姓名、出生日期、电话号码、邮箱等，并通过微信、QQ 等途径以 3 万余元的价格贩卖给李四。李四在获取相关信息后用于业务推广。检察机关认为，张三在没有经过信息主体同意的情况下，在互联网上公然出售、提供个人信息，造成 4 万余条未成年人的个人信息被非法买卖、使用，严重侵害了不特定多数主体的个人信息合法权益，使社会公共利益受到侵害，遂对其提起了民事公益诉讼，最终法院判决张三按照其售卖未成年人个人信息的违法所得进行赔偿，并向社会公众赔礼道歉。②

---

① 改编自真实案例，详情请参见最高人民检察院第三十五批指导性案例：《浙江省杭州市余杭区人民检察院对北京某公司侵犯儿童个人信息权益提起民事公益诉讼　北京市人民检察院督促保护儿童个人信息权益行政公益诉讼案（检例第 141 号）》，中华人民共和国最高人民检察院网，https://www.spp.gov.cn/spp/jczdal/202203/t20220307_547759.shtml，访问日期：2023-9-28。

② 改编自新闻报道，详情请参见杭州市人民检察院：《民法典实施后首例个人信息保护民事公益诉讼案开庭审理并当庭宣判》，杭州市人民检察院网站，http://www.hangzhou.jcy.gov.cn/xwzx/ajfb/202101/t20210111_3096011.shtml，访问日期：2023-9-28。

2. 事件评析

《民法典》第 1034 条规定，自然人的个人信息受法律保护。个人信息严禁非法买卖。张三在未取得信息主体同意的情况下，非法获取他人的个人信息并用于牟利，其行为属于非法收集、买卖个人信息的大规模侵权行为，严重损害了未成年人的个人信息合法权益。

（五）网红售号：有大量粉丝的未成年人可以出售微信账号吗？

1. 事件经过

十五周岁的民民是一位小有名气的网络红人，其微信拥有大量粉丝。但是，因为面临中考，民民母亲勒令其"退网"，不能再花费大量时间在网络上。于是，民民在朋友圈里发布了"退网公告"。民民的微信好友张三看到后，联系民民，出价 100 万元，欲购买其微信号。民民收到钱款后，配合张三完成了微信号密码、绑定手机号信息变更和实名认证解除等操作。

2. 事件评析

自然人的个人信息受法律保护。任何组织或个人均不得非法买卖、提供或者公开他人的个人信息。微信账号关联着自然人的姓名、身份证号、手机号、银行卡号等信息，同时，微信头像、朋友圈动态、微信运动数据等也记录了自然人的个人特征、社会关系及行踪信息等，这些信息能够单独或者与其他信息结合识别特定自然人，属于自然人的个人信息。买卖微信账号行为的实质是买卖微信好友的个人信息，违反了法律的强制性规定，应当认定为无效。

（六）文书公开：未成年人的个人信息可以被判决书披露吗？

1. 事件经过

十三周岁的女孩民民在一次意外中遭遇性侵，身心遭受重创，每日郁郁寡欢，很难走出心理阴影。经过检察机关提起公诉，对民民实施伤害的罪犯被判处了刑罚，得到了应有的惩罚。然而，在法院向社会公开的裁判文书中，竟然出现了民民的真实姓名、其父母的姓名、家庭住址，以及事件发生的过程等信息，这些未经匿名处理的信息向公众公开给尚未走出性侵阴影的民民造成了巨大的"二次伤害"。①

2. 事件评析

未成年人应当受到特殊保护。对于侵害未成年人身心健康的刑事案件，一般不公开审理，根据《最高人民法院关于人民法院在互联网公布裁判文书的规定》的要求，人民法院在互联网公布裁判文书时，应当对未成年人及其法定代理人进行隐名处理；《未成年人保护法》也规定了公安机关、人民法院等组织或机构在办理相关案件时，不得披露未成年人的姓名、影像及其他能够识别未成年人身份的相关信息。这些规定皆旨在保护未成年人的个人信息和隐私，护航未成年人健康成长。

（七）过度采集：课外辅导班可以自由收集未成年人的个人信息吗？

1. 事件经过

民民今年十三周岁，学习成绩一直处于班级的中下游，民民的父母为此操碎了心。于是，暑假期间，民民父母为其在某教育机构报名了一个课外辅导班。在民民去辅导班上课的第一天，老师就发了一张表单要求小朋友们填写，并称收集这些信息是为了了解每个人的学习情况，因材施教，设置更具针对性的课程内容。表单上要求民民填写的信息包括民民的姓名、年龄，民民父母的姓

（AI 作图）

名、身份证号、工作单位、职务，民民所就读的学校、家庭住址、期末考试的各

---

① 改编自新闻报道，详情请参见南木：《别因判决书泄露对未成年人造成"二次伤害"》，新京报客户端，https://m.bjnews.com.cn/detail/1692312386169515.html，访问日期：2023-9-18。

科成绩等，民民按照要求逐一进行了填写。

2. **事件评析**

根据《民法典》《个人信息保护法》等法律的规定，信息收集者在收集未成年人的个人信息时，应当遵循合法、正当、必要的原则。本案例中的课外辅导机构对民民及其父母的个人信息的收集明显超出了必要的范围，因为了解学生的学习情况以定制课程并不需要收集学生父母的姓名和工作单位、家庭住址、身份证号等信息，该教育机构对未成年人个人信息的过度收集属于违法行为。

（八）信息拼凑："晒娃"也会暴露未成年人的个人信息吗？

1. **事件经过**

民民今年九周岁，非常活泼可爱，民民妈妈热衷于在各种网络平台上分享民民的照片和视频，记录生活点滴。从"今天民民升入了某某小学"到"民民爱在某某公园的某某路口玩耍"等。这些看似不起眼的碎片化信息被不法分子拼凑后加以利用。不法分子冒充民民的亲戚去学校门口接民民放学，因其能够准确地说出民民的个人信息，故老师和民民都放松了戒备，最终民民不幸被拐卖。

（图：郭玥含）

2. **事件评析**

在网络平台分享生活点滴时，务必注意不要泄露个人信息。有人可能会认为每天发的朋友圈中并没有暴露详细的个人信息，都是不起眼的日常生活记录。但需要注意的是，如果单独看某条信息，比如每天的上下学路程，确实不会联系到特定的自然人。但是，一旦行踪轨迹与就读学校、长相、声音、姓名等信息相结合，就能够轻松地锁定特定的自然人，给未成年人的人身安全造成威胁。

（九）智能穿戴：儿童智能电话手表会窃取未成年人的个人信息吗？

1. 事件经过

民民上小学之后，一直渴望拥有一块儿童智能电话手表。他告诉妈妈，班里的同学每人都有某品牌的电话手表，其功能丰富，不仅能打电话、支付、拍照，还有精准定位、添加好友、聊天等多种功能。妈妈考虑到电话手表既可以及时联系到民民，

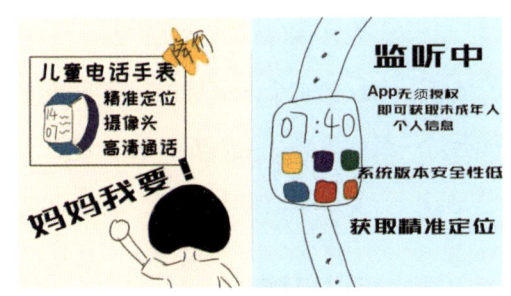

（图：郭玥含）

还有定位功能可以防止走丢，就给民民买了。但没想到，这款电话手表竟然每时每刻都在"监视"民民。在民民妈妈所购置的这款电话手表中被植入了很多恶意程序，在民民和妈妈都毫不知情的情况下，一直在悄悄收集、上传民民的位置、行踪、人脸图像等个人信息。

2. 事件评析

大数据时代，侵害未成年人的个人信息的方式多种多样。例如本事件中所反映的"电话手表窃取未成年人个人信息"，就非常值得关注。在电话手表成为小学生"标配"的环境下，很多家长在购买时只关注电话手表的价格、功能，尚未意识到其自带的 App 可能会存在窃取、泄露未成年人个人信息的风险。正如前文在"基础十问"部分所述，未依法执行"知情—同意"流程而收集未成年人的个人信息属于违法行为，对于这种现象，父母应高度重视，监管部门也应加强监管，共同守护未成年人的个人信息安全。

（十）意外落榜：未成年人发现个人信息录入有误时，可以请求更正吗？

1. 事件经过

高中生民民发现学校系统中记录的自己的生源信息有误，但自己无法更改，

于是多次向老师反映,结果被告知可以更改生源信息的时间已过,不可再更改,最终,民民因生源信息错误而未能被心仪的学校录取。

2. 事件评析

未成年人、父母或其他监护人一旦发现未成年人的个人信息存在记录不准确的情形,有权要求个人信息处理者予以更正。因为某一条个人信息的不准确,可能会对一系列事务产生负面影响。因此,当我们发现自己的个人信息有误时,一定要积极行使个人信息更正权,避免造成不必要的麻烦和损失。

三、知识自测

(一)多选题

下列属于未成年人个人信息的有( )

A. 姓名
B. 假期出游的行踪信息
C. 公共电脑中的网络浏览记录
D. 清晰的面部自拍

------ 答案及解析 ------

答案:ABD

解析:A 选项与 B 选项中未成年人的姓名和行踪信息都属于可以与其他信息结合从而识别特定自然人的信息,属于未成年人的个人信息。C 选项中的内容因为无法识别特定自然人故不属于未成年人的个人信息。D 选项中,自拍属于能够直接识别特定自然人的生物识别信息,属于未成年人的个人信息。

(二)单选题

十二周岁的民民因身体不适在父母的陪同下去某市医疗机构就诊,就诊过程中发现医疗机构所收集的关于民民的医疗信息是错误的。下列做法符合法律规定的是( )

A. 民民的同学知晓了此事，要求该医疗机构更正相关信息

B. 民民的母亲知晓了此事，要求该医疗机构更正相关信息

C. 民民的母亲知晓了此事，要求民民的学校更正相关信息

D. 该医疗机构以民民的医疗健康信息已经入库难以更正而拒绝更正

----- 答案及解析 -----

答案：B

解析：第一，当发现自身的个人信息不准确时，个人拥有请求个人信息处理者进行更正的权利，故 D 项错误。第二，民民为未成年人，其更正权可以由其父母或者其他监护人代为行使，同学、朋友是无法代替民民行使更正权的，故 A 项错误。第三，更正权只能向处理其个人信息的个人信息处理者提出，民民的学校并未处理民民的医疗信息，故 C 项错误。

四、本章相关法条

《民法典》第一百一十一条

《民法典》第一千零三十四条

《民法典》第一千零三十五条

《民法典》第一千一百六十七条

《个人信息保护法》第五条

《个人信息保护法》第六条

《个人信息保护法》第七条

《个人信息保护法》第八条

《个人信息保护法》第九条

《个人信息保护法》第二十八条

《个人信息保护法》第三十一条

《个人信息保护法》第四十四条

《个人信息保护法》第四十五条

《个人信息保护法》第四十六条

《个人信息保护法》第四十七条

《个人信息保护法》第四十八条

第十二章
未成年人的网络虚拟财产的权利保护

一、基础十问

第一问：什么是网络虚拟财产？

网络虚拟财产，也被称为"虚拟物品""数字资产""虚拟财产"等，是指以数字化的形式存在于网络空间中的信息资源。广义的网络虚拟财产包括电子邮箱、网络账户、虚拟货币、网络游戏中的虚拟物品及装备、经注册的域名等；狭义的网络虚拟财产则指的是网络游戏中的虚拟财产，比如游戏账号、游戏币、游戏中的角色人物等。[①] 需注意的是，网络虚拟财产具有相对独立性，可以与其他网络资源相区别，同时还具有独立于现实财产的价值。如果某类网络资源只是依托于现实财产，则其只是对现实财产的一种数字化形式的体现，不属于网络虚拟财产，如电子货币。

第二问：网络虚拟财产的常见类型有哪些？

网络虚拟财产具有虚拟性、数字化的特点，需要付出现实货币去购买，也可以将其转卖进行处分。在一定条件下，网络虚拟财产可以转换成现实中的财产。例如，"QQ飞车""王者荣耀""蛋仔派对"等网络游戏中的游戏账号就属于虚拟财产，其账号的价值会受账号里存有的英雄数量、皮肤的稀有度、点券数量等

[①] 黄薇主编：《中华人民共和国民法典总则编释义》，法律出版社2020年版，第337页。

因素的影响。游戏中所购买的英雄皮肤、宠物、点券、装备、积分等也属于网络虚拟财产，这些装备或道具往往难以获得，有时在某游戏中的一款限定皮肤甚至"重金难求"，不仅价格贵而且仅在特定时间内才能购买，具有一定的稀缺性。随着时代的发展，网络虚拟财产的类型与内容均呈现出多元化的态势。

第三问：网络虚拟财产可以发生继承或赠与他人吗？

网络虚拟财产符合财产的法律属性，既可以被认定为遗产而发生继承，也可以赠与他人。首先，根据《民法典》的规定，遗产是自然人死亡时遗留的个人合法财产，因此网络虚拟财产可以发生继承。例如，有的社交账号是自然人生前花费了大量精力、金钱经营所得，不仅具有经济价值，对亲友而言也具有非凡的意义。其次，网络虚拟财产作为无形财产的一种，具有可支配性，因此，网络虚拟财产的所有权人可以决定是否将其赠与他人。

第四问：网络虚拟财产受《民法典》保护吗？

网络虚拟财产受《民法典》保护。首先，《民法典》在总则编规定了人身权利、财产权利受法律保护。其次，《民法典》第 127 条明确表示数据和网络虚拟财产具有保护的价值。虚拟财产虽然在现实世界中不存在实体，但是可以在市场中进行交易，具有使用价值和交换价值。因此，当我们合法的网络虚拟财产受到侵害时，是可以寻求法律保护的。

第五问：未成年人在购买网络虚拟财产时的"氪金"行为有效吗？

"氪金"获得虚拟财产的行为是一种民事法律行为，需要行为人具有相应的民事行为能力。对不满八周岁的未成年人而言，"氪金"行为无效，因为不满八周岁的未成年人不具备民事行为能力，应当由其法定代理人代为实施，比如可以请求爸爸妈妈代为购买。对八周岁以上的未成年人而言，"氪金"行为的法律效力视其法定代理人的意思表示而定：如果法定代理人表示同意或追认，则"氪金"行为有效；如果法定代理人拒绝追认，则该行为无效，法定代理人可以请求相应的网络平台依法返还未成年人的"氪金"支出。例如，上小学五年级的民民偷偷用父母的手机花费五万元购买了游戏装备，此时对五万元的认知明显与民民的年龄和智力不相符，如果民民的父母对该行为进行追认，则购买行为有效；若拒绝追认，则购买行为无效，平台应予以返还。但是，如果该未成年人已经年满十六周岁，而且已经可以通过自己的劳动收入自食其力，则其"氪金"行为有效。

第六问：未成年人的游戏账号被盗后，平台是否应该承担民事责任？

未成年人的游戏账号是其合法的虚拟财产，未成年人对其享有财产权利，应受到法律保护。游戏平台因未履行相关监管责任而导致未成年人的游戏账号被盗，是对未成年人合法权益的侵害，平台应当承担民事责任，对未成年人进行相应的赔偿。

第七问：未成年人可以出售网络虚拟财产吗？

在特定条件下，未成年人可以出售网络虚拟财产。虽然未成年人的年龄比较小，但其依然可以拥有自己的个人财产，虚拟财产作为无形财产的一种，属于未成年人的个人财产。对于自己的财产，未成年人拥有对其进行支配的权利。但是，由于出售属于一种民事法律行为，因此未成年人的出售行为是否有效还需要结合其民事行为能力进行讨论。情形一：不满八周岁的未成年人出售网络虚拟财产的行为无效。因为不满八周岁的未成年人不具备民事行为能力，应当由其法定代理人代为实施民事活动。情形二：八周岁以上的未成年人出售网络虚拟财产的效力待定，需由其法定代理人代为实施或者经过法定代理人的同意、追认。当然，如果出售的物品价值与其年龄、智力相适应，则该行为有效。情形三：如果该未成年人已经年满十六周岁，而且已经以自己的劳动收入为主要生活来源，则其出售虚拟财产的行为有效。

第八问：未成年人侵害他人虚拟财产需要承担民事责任吗？

需要承担责任。根据《民法典》的规定，虚拟财产是行为人投入了时间、精力、金钱所获得的，具有财产属性，应当将其作为一种无形财产进行保护。因此，无论是未成年人还是成年人，侵害了他人的虚拟财产都是对他人财产权益的侵害，均需承担民事责任。具体而言，根据《民法典》的规定：如果未成年人有个人财产，则应先用其个人财产进行赔偿，不足部分再由监护人赔偿；如果未成年人没有个人财产，则应由其监护人承担全部赔偿责任；如果该未成年人已满十六周岁，而且已经可以自己的劳动收入为主要生活来源，那么该未成年人应独立承担民事责任。

第九问：未成年人有权参与微信公众号中的收益分配吗？

有权参与。首先，微信公众号符合财产的法律属性，因其可用于营销、科普、娱乐而具有使用价值，因其拥有粉丝、打赏、推广而具有价值，因其经过认证具有可识别性而具有稀缺性，因其存在于网络中而具有独立存在性。其次，未成年人如果参与了微信公众号的运行，为微信公众号的价值生成与积累作出了贡献，则应享有请求分享收益的权利。需要注意的是：虽然未成年人有权参与相关收益分配，但是，依然应当根据年龄阶段进行相关行为效力的认定。

第十问：未成年人购买虚拟礼物后，对网络主播的打赏有效吗？

"宝宝们，还差一辆跑车就可以上分了！""谢谢宝宝送的礼物！"……网络直播中，有的未成年人出于对网络主播的欣赏或是受网络主播的怂恿，会跟风打赏主播，对自己喜爱的网络主播"一掷千金"。但未成年人的心智尚未发育成熟，对于事物缺乏一定的辨别能力，对于自己的打赏行为会带来什么后果缺乏理性且正确的认识。打赏行为其实是一种赠与行为，需要行为人有相应的民事行为能力。不满八周岁的未成年人属于无民事行为能力人，因此其对网络主播的打赏行为无效。八周岁以上的未成年人属于限制民事行为能力人，其对主播的打赏行为效力待定，如果经其法定代理人同意、追认，则有效；如果事先没有征得法定代理人的同意，打赏之后其法定代理人也拒绝追认，则打赏行为无效。当然，如果综合打赏的金额与未成年人的年龄、心智等因素相符，发现该打赏行为与未成年人的认知相符合，则打赏行为有效。此外，如果该未成年人已满十六周岁且已经可以通过自己的劳动收入为主要生活来源，那么该未成年人可以独立实施民事法律行为，其打赏行为有效。

二、案例学习

（一）继承账号：未成年人可以继承父亲的游戏账号吗？

1. 事件经过

民民今年十二周岁，其父亲是某游戏的骨灰级玩家，名下的账号市值颇高。父亲意外去世后，民民想找回其父亲生前的游戏账号，以此了解父亲的游戏世界是什么样子，重温父亲的游戏历程。最后，通过大家的帮助以及与游戏公司的沟通，民民顺利继承了父亲的游戏账号。[①]

2. 事件评析

民民作为其父亲的第一顺位继承人，对父亲的遗产依法享有继承权。根据我国《民法典》的规定，自然人死亡时遗留的个人合法财产属于可被继承的财产。游戏账号是民民父亲生前的虚拟财产，属于合法财产，不仅具有经济价值，也承载了浓厚的情感价值。因此，民民可以继承该游戏账号。

（二）网购账号：未成年人可以大量购买他人的游戏账号吗？

1. 事件经过

十四周岁的典典在家长不知情的情况下，在网上购买了 300 余个游戏账号，

[①] 改编自新闻报道，详情请参见巩宸宇：《游戏玩家继承父亲网游账号：有使用权不许买卖》，中国网，http://www.china.com.cn/news/2017-06/15/content_41033036_2.htm，访问日期：2023-9-20。

共计支付三万余元。随后父母及时与卖家联系，表示对典典购买游戏账号及付款行为不予追认并要求店家退款，但卖家不同意全额退款。与卖家沟通无果后，典典父母将卖家诉至法院。法院经审理认为，典典在购买游戏账号时尚未成年，属于限制民事行为能力人，购买游戏账号支付三万余元的行为显然与其年龄、智力不相适应，鉴于典典父母明确表示对该行为不予追认，故典典实施的购买行为无效，依法判决卖家向典典全额返还购买游戏账号款的三万余元。①

（图：郭玥含）

2. 事件评析

游戏账号是最典型的虚拟财产，可以依据财产流转规则进行处分。但是，对未成年人而言，因受到年龄、智力的限制，无法完全认识到财产处分行为的性质及其法律后果。因此，法律规定未成年人只能实施与其智力、年龄相适应的行为。按照一般人的观念，一个十四周岁的小孩一次性消费三万余元，显然与其年龄、智力不符，并且，该行为既不属于纯获利益的行为，也未得到其父母的追认，因此，典典购买游戏账号的行为无效，卖家应退还全部款项。此外，未成年人的监护人应当通过日常教育加强对孩子的引导、监督、管理，并应保管好自己的手机与密码，防止被未成年人绑定进行大额支付。

（三）装备被盗：未成年人的游戏账号被他人盗取装备，运营方需要担责吗？

1. 事件经过

民民今年十五周岁，在征得父母同意后，从同学处购买了一个游戏账号，以及大量的"武器""天赋石"等游戏装备。某日，民民发现该账号中的装备竟然不见了，便立刻通过客服、电话等方式联系该游戏账号所属的公司，但对方始终

---

① 改编自真实案例，详情请参见最高人民法院：《未成年人权益司法保护典型案例》，中华人民共和国最高人民法院网站，https://www.court.gov.cn/zixun/xiangqing/347931.html，访问日期：2023-9-29。

未回复。等待多日无果后，民民再次向游戏公司发邮件，说明情况，并请求游戏公司协助处理，但该公司一直不予理睬。无奈之下，民民将该公司诉至法院。法院经审理，判决游戏公司承担赔偿责任，恢复民民游戏账号中的装备数据。①

2. 事件评析

虚拟财产虽然在现实世界中没有实体，但依然受《民法典》保护。《民法典》第127条的规定实质上正式承认了网络虚拟财产具有保护价值，可以成为权利主体支配的对象。就本事件而言，民民在父母的同意下，参与游戏过程，在网络游戏中投入了时间、精力以及金钱，理应对游戏账号及相关游戏装备享有财产权益。民民发现账号异常后，立即联系游戏公司并发邮件告知了相关情况，从中可以推断该公司已知晓相关情况但未及时处理。根据《民法典》的规定，网络服务提供者在知晓侵权事实后应及时采取必要的措施帮助用户以避免损害的扩大，否则，应就损害的发生与实际侵权人一起承担连带责任。

（四）代练封号：未成年人代练游戏账号期间因作弊被封号，需要担责吗？

1. 事件经过

十周岁的民民虽然年龄小，但自认为游戏技术高超。某日，一位网友找到民民，想让民民代练其游戏账号，帮其提升等级，民民爽快地答应了。不料，民民在代练期间使用游戏外挂等作弊手段，导致该网友的账号被游戏平台封禁。该网友找民民协商赔偿事宜时才发现民民竟然是一名小学生。其后，该网友与民民父母因未能就赔偿金额达成一致，遂将民民父母诉至法院。法院认

（AI作图）

---

① 改编自新闻报道，详情请参见顾正阳：《无锡惠山法院一审宣判一起涉虚拟财产纠纷案，某网络公司被判恢复玩家账号名下丢失装备》，中国法院网，https://www.chinacourt.org/article/detail/2021/07/id/6150383.shtml，访问日期：2023-9-29。

为，游戏账号属于虚拟财产，理应受到法律保护，民民代练游戏账号导致其被封号的行为已经侵害了他人的财产权益，经法院调解，民民的父母最终赔偿了4000元。

2. 事件评析

正如前文在"基础十问"部分所述，游戏账号属于虚拟财产，凝结了所有权人的金钱、精力与时间，具有保护的必要性。民民虽然是未成年人，年纪尚小，但其侵害了他人的虚拟财产仍应承担民事责任，网友有权请求民民进行赔偿。鉴于民民尚不具有完全民事行为能力，因此，应由其法定代理人进行赔偿。

（五）共享打赏：未成年人可与他人合作运营微信公众号并参与收益分配吗？

1. 事件经过

初中生民民有很高的美术天赋，在漫画界小有名气。张三和李四找到民民进行协商，希望共同成立一个漫画类的微信公众号，由民民执笔绘画，由他们二人进行公众号的日常推广。民民在征求父母同意后，答应与张三、李四合伙运营。公众号运营一段时间后，果然大火。很多商业广告主动联系张三，愿意在该公众号上投放广告，公众号因此获得了不少收益。但张三和李四认为民民是未成年人，公众号未登记在民民名下，之前也未对收益分配进行协商，因此民民不能参与收益的分配。

2. 事件评析

公众号是具有独立性、支配性、价值性的网络虚拟财产，具有独立的财产价值。虽然公众号由张三和李四负责具体运营，该公众号也未登记在民民名下，但公众号的使用、收益等财产权益应当由三人共同享有，民民的年龄并不会妨碍其参与分配公众号的收益。

（六）打赏退款：对于未成年人已支付的直播打赏，监护人可以追回钱款吗？

1. 事件经过

十周岁的典典是一名小学生，其在家长不知情的情况下，自行在某平台进行了注册，并通过微信支付的方式购买了虚拟币用于打赏主播，共计消费 20 余万元，家长得知情况后起诉该网络公司，要求返还打赏费用。①

（图：郭玥含）

2. 事件评析

典典只有十周岁，属于民法上的限制民事行为能力人，其购买虚拟币、打赏主播花费 20 余万元的行为，明显与其智力、年龄不相符。事后，典典的家长对其行为也不予追认，因此典典的打赏行为应认定为无效民事行为，该网络公司应当退回该钱款。

（七）代购诈骗：微信钱包里的财产是虚拟财产吗？

1. 事件经过

高中生民民的微信钱包内存着当年得到的所有压岁钱。为了买到限量款的鞋子，民民添加了一名代购。在点击代购发来的付款链接后，民民微信钱包内的所有钱款总计 5000 元被全部转走。民民以虚拟财产被盗为

（图：郭玥含）

---

① 改编自真实案例，详情请参见中华人民共和国最高人民检察院：《"检爱同行，共护未来"未成年人保护法律监督专项行动典型案例》，最高人民检察院网上发布厅，https://www.spp.gov.cn/spp/xwfbh/wsfbh/202205/t20220525_557819.shtml，访问日期：2023-9-29。

由向法院提起诉讼。

2. 事件评析

虚拟财产是指以数字形式体现在网络空间中的虚拟物品，可以与他人的网络资源相区别，拥有独立于现实财产的交换价值和使用价值。微信钱包里的电子货币不属于虚拟财产，因为它只是现实财产的数字化呈现形式，没有独立于现实财产的独立价值。

（八）互赠虚拟财产：小学生可以互赠游戏里的虚拟物品吗？

1. 事件经过

十周岁的民民和十一周岁的典典是关系很好的伙伴，经常在学校里互帮互助，有时为了表达自己对对方的感谢，两人会把自己在小游戏背包里收集的各种便宜但好看的"奇珍异宝"送给对方。

2. 事件评析

虚拟财产属于无形财产的一种，具有使用价值和交换价值。民民和典典作为八周岁以上的未成年人，能够独立实施与自己年龄、智力相适应的民事行为。就本事件而言，民民和典典对于自己的虚拟财产可以自由支配，因为两人在小游戏里通过收集得来的游戏装备不具备过高的经济价值，符合两人年龄、智力的认知范围，赠与行为有效。

（图：郭玥含）

（九）擅铸 NFT：未成年人的画作可以被他人擅自铸造成 NFT 作品售卖吗？

1. 事件经过

十周岁的民民自小喜爱绘画，平时喜欢根据各种场景绘制漫画，在网络上发布后，颇受粉丝喜爱。某日，民民发现自己的代表作《彩色牛牛》被他人铸造成

NFT作品并在某元宇宙平台进行售卖，甚至在该作品右下角还带有民民在创作时加上的水印。于是，民民通过法定代理人将该平台诉至法院，要求该平台与实际侵权人共同承担侵害财产的民事责任。①

（图：郭玥含）

2. 事件评析

NFT数字作品中涵盖了创作者独特的艺术表达，具有独特的价值，可以被支配和交易，属于新型的网络虚拟财产，应当受到法律保护。就本事件而言，民民所创作的一系列数字漫画作品属于其网络虚拟财产，侵权人应当承担停止侵害、赔偿损失等民事责任。

三、知识自测

（一）单选题

民民是某小学四年级的学生。最近班里很多同学都在玩一款网络游戏，民民也跟风注册了游戏账号，还为自己起了一个很酷飒的网名。因为游戏网名不能重复注册，很多同学找到民民，希望能购买他的游戏网名。在玩游戏的过程中，民民发现商家推出了一款"dongdong羊"的皮肤特别可爱，于是绑定了支付宝账号，以电子货币在线支付的方式购买了这款"dongdong羊"皮肤，以及很多珍藏版皮肤和游戏装备。请问下列不属于虚拟财产的是（　　）

A. 民民的游戏账号

B. 民民的游戏网名

C. 民民购买的"dongdong羊"皮肤

D. 民民支付宝账号里的货币

---

① 改编自真实案例，详情请参见杭州互联网法院：《用户发布侵权NFT作品 "元宇宙"平台要担责吗？法院判了》，https://mp.weixin.qq.com/s/IQwjcF_a5EoYdc5CFkaQpA，访问日期：2023-9-29。

---- 答案及解析 ----

答案：D

解析：游戏账号、网名和皮肤都属于以数字形式体现在网络空间中的虚拟物品，可以与他人的网络资源相区别，既可以自己独自享有，也可以用于交换，属于虚拟财产的范围。D 项支付宝账号里的电子货币不属于虚拟财产，因为它只是现实财产的数字化呈现形式，没有独立于现实财产的独立价值。

（二）单选题

十周岁的民民使用父亲的手机登录了自己的游戏账号，在其父亲不知情的情况下，擅自用父亲的银行卡购买了多款游戏装备，共计花费了 24 万元。请问以下哪个选项是正确的？（　）

A. 民民购买的游戏装备是有效的

B. 民民购买的游戏装备是无效的

C. 民民的父亲在知情以后，认为民民购买的游戏装备超值，追认了民民的购买行为，故民民购买的游戏装备是有效的

D. 游戏平台以游戏装备已经使用为由拒绝退款

---- 答案及解析 ----

答案：C

解析："氪金"获得虚拟财产的行为是一种民事法律行为，需要行为人具有相应的民事行为能力。十周岁的民民属于限制民事行为能力人，花 24 万元购买游戏装备的行为从一般人的角度看显然是与其年龄、智力不相符的，其"氪金"获得的虚拟财产是否有效取决于民民的法定代理人同意、追认与否。C 选项中，民民的父亲对该行为进行了追认，故购买行为有效，C 项正确。

(三) 思考题

民民今年十周岁，有一个比他大十二岁的哥哥。民民的哥哥酷爱网游，花费了大量精力和金钱，练就了一款满级游戏账号，其中还存有大量稀有的游戏装备，民民看着十分眼馋。在民民生日这天，哥哥将该游戏账号中的部分稀有游戏装备作为生日礼物送给了民民，该赠与行为有效吗？

------ 答案及解析 ------

答案：有效。

解析：首先，虚拟财产作为无形财产的一种，具有财产属性，具有交换价值和使用价值，民民的哥哥对于自己的虚拟财产可以进行支配，故游戏账号中的游戏装备可以被赠与。其次，民民的哥哥已经成年，具有完全民事行为能力，也具有将该账号中的虚拟财产赠与他人的行为能力。民民虽然还未成年，属于限制民事行为能力人，但接受礼物是一种纯获利益的民事法律行为，而且与民民的年龄、心智都相符，故该赠与行为有效。

四、本章相关法条

《民法典》第三条　　　　　　　《民法典》第一百二十条

《民法典》第十八条　　　　　　《民法典》第一百二十四条

《民法典》第十九条　　　　　　《民法典》第一百二十七条

《民法典》第二十条　　　　　　《民法典》第一千一百二十二条

《民法典》第一百一十三条　　　《民法典》第一千一百九十五条

第十三章
未成年人的健康数据权利保护

一、基础十问

第一问：什么是健康数据？

健康数据属于个人信息的一种，是指单独或者和其他信息结合能够识别特定自然人的信息。作为个人信息中的一个类别，健康数据是指与健康有关的个人信息，包括身体健康状态下的个人信息和身体非健康状态下的个人信息。《个人信息保护法》已明确将健康数据列为敏感个人信息，对其设置了严格的处理规则，实施严格的保护。

第二问：常见的未成年人健康数据有哪些？

未成年人常见健康数据的范围很广（见表16），例如未成年人的身高体重、体温脉搏，以及身体不舒服时去医院的就诊记录、心理状况、正在服用的药物名称等。还有一些健康数据很容易被我们忽略，比如小朋友在微信中开启微信运动服务后，微信帮我们记录的每日行走步数、每天在朋友圈分享的跑步时的心率数据等，这些都属于未成年人的健康数据。

表16　未成年人常见健康数据

运动数据	饮食数据	体征数据	健康评测数据	体检数据
运动时长	每日饮食记录	身高	心理健康数据	肾功能

续表

运动数据	饮食数据	体征数据	健康评测数据	体检数据
运动里程	每日药物服用	体重	体脂率数据	肝功能
运动轨迹	饮食习惯记录	心率	运动健康数据	血常规
运动习惯	三餐热量值	血压	营养健康数据	心电图

第三问：与未成年人健康数据相关的民事权利有哪些？

个人信息虽然综合承载了民事主体的人身权和财产权，但主要反映的是人身权。具体而言，个人信息含有人格尊严与人格独立的要素，反映了民事主体的生命权、身体权、健康权、名誉权、荣誉权、隐私权等民事权利。未成年人的健康数据作为个人信息的一种，与其相关的是未成年人的前述民事权利。

第四问：未成年人是否有权同意他人处理其健康数据？

根据《民法典》与《个人信息保护法》的相关规定，不满十四周岁的未成年人无法同意他人处理其健康数据，需要征得其父母或者其他监护人的同意。因为不满十四周岁的未成年人年龄尚小，对事物的认知能力还不成熟，无法清晰地认识到同意他人处理自身健康数据的后果和风险，因此法律规定由其父母或监护人代为判断。十四周岁以上的未成年人能否同意他人处理其健康数据，还需要综合考虑数据收集范围、数据性质、数据处理目的进行判断。

第五问：监护人有权处理未成年人的健康数据吗？

此处的处理有两层含义：同意他人处理和自行处理。一方面，根据《民法典》与《个人信息保护法》的相关规定，监护人可以代不满十四周岁的未成年人进行判断，根据数据的收集范围、使用用途、处理方式等要素判断他人的数据收集行为是否有益于未成年人；另一方面，监护人自身在处理未成年人的健康数据时，需要遵循最有利于未成年人的原则，注意在处理过程中保护未成年人的隐私权和个人信息。

第六问：平台收集未成年人的健康数据应遵循哪些原则？

平台在收集未成年人的健康数据时应遵循合法、正当、必要、诚信的原则。其中，合法原则要求平台在收集未成年人的健康数据时，应根据未成年人的年龄是否达到十四周岁而采取不同的收集规则，判断是否需要向其法定代理人征求意见；正当原则要求平台在收集未成年人的健康数据时，应保证收集动机与收集目的的正当性；必要原则是指平台在收集未成年人的健康数据时，应确保收集范围与数据用途相符，不能因为获得了授权便肆意收集未成年人的个人数据；诚信原则是指平台在收集未成年人的健康数据时，应秉持公开、透明、自愿的原则，不能采取欺诈或胁迫等方式。

第七问：医疗机构有权径直处理未成年人的健康数据吗？

医疗机构无权直接处理未成年人的健康数据。医疗健康数据属于数据主体的敏感个人信息，一旦被泄露或者被非法使用将会对数据主体的人身权益或财产权益造成不可逆的损害。因此，法律专门规定了如下规则：首先，只有在具有特定目的和充分必要性的前提下，以及采取了严格保护措施的情形下，医疗机构才能处理未成年人的医疗健康数据；其次，需要视未成年人是否年满十四周岁而采取不同的知情同意政策；最后，原则上，医疗机构需要向未成年人或其法定代理人告知处理医疗数据的必要性以及将会对未成年人的个人权益所产生的影响。

第八问：医疗机构擅自公布未成年人的就诊数据合法吗？

不合法。根据《民法典》和《个人信息保护法》的规定，任何组织和个人都不得非法公开他人的个人信息，医疗机构对未成年人就诊数据的公布行为属于对未成年人个人信息的处理，而处理个人信息需要征得个人的同意。如果小朋友还未满十四周岁，处理其医疗数据应当取得其父母或其他监护人的同意，除非法律、行政法规另有规定的情形。医疗机构擅自公布未成年人的就诊数据属于违法行为。就诊数据一旦被泄露传播，往往是不可逆的，很可能会侵犯他人隐私，带来严重的社会影响和心理损害，也可能会被不法分子利用进行诈骗，造成严重的财产损失。

第九问：教育机构擅自公布未成年人的健康数据合法吗？

不合法。教育机构在日常教学的过程中，通过问卷调查、信息收集、体检、运动会等活动会获得未成年人的健康数据。但是，获取方式的合法性、正当性并不代表信息收集方有权对其进行处理。如果教育机构出于工作原因，需要公布未成年人的健康数据，则应当就公布范围、公布原因、预防信息泄露等方面向未成年人及其法定代理人进行说明、解释。在未经同意、未说明的情形下，教育机构擅自公布未成年人的健康数据，是违法的。

第十问：在什么情况下可以不经未成年人同意处理其健康数据？

根据《民法典》和《个人信息保护法》的规定，如果未成年人的健康数据已经自行公开或者已经被合法地公开，那么信息处理者就可以在合法、正当、必要、诚信等原则的约束下对这些信息进行处理。此外，《个人信息保护法》中还列举了其他无须经过同意的情形，例如国家机关为了履行法定职责或法定义务、为了应对突发的大面积流感、为了在紧急情况下保护未成年人的生命等情形。

二、案例学习

（一）就诊直播：医疗机构可以将未成年人的就诊过程进行录制并发布吗？

1. 事件经过

某日，十周岁的民民在妈妈的陪同下到某医疗机构就诊。该医疗机构在未经民民及其妈妈同意的情况下，擅自将民民就诊的过程拍摄下来，公开发布在短视频平台中。视频中不仅透露了民民的长相，也透露了民民的病情，导致网友们都认为民民有不好的生活习惯，是个"坏孩子"。法院经审理认为该医疗机构在未经民民及其监护人同意的情况下，擅自发布包括民民肖像、病情信息的视频，侵犯了民民的肖像权和隐私权，最终判决该医疗机构承担赔礼道歉、赔偿精神损失等责任。①

2. 事件评析

民民未满十四周岁，他的就诊信息作为医疗健康数据属于敏感个人信息。通过上述事件可以看出，医疗健康数据一旦被泄露或非法处理，比其他信息更容易导致未成年人的人格尊严受到损害，因为就诊信息、病情信息、康复信息等都具有较强的私密性，一旦被非法公开就会侵害未成年人的名誉权、隐私权等人身权益，以及其个人信息的相关合法权益。因此，医疗机构在处理未成年人的医疗健康数据时一定要遵守法律规定，不得非法处理。

（图：王嘉胤）

（二）私拍病患：童星就诊，医务人员可以将其健康数据分享给他人吗？

1. 事件经过

十二周岁的民民乖巧可爱，经常出演电影、电视剧，是业内的一名小童星，有着超高的人气。某日，生病的民民在家长的陪同下到某医院就诊。就诊结束回到家后，民民发现自己就诊的病历记录已经在全网传播。经调查发现，该医院的医务人员是民民的粉丝，为了炫耀自己与民民"见面"，便将民民的就诊记录发到粉丝群中。该医务人员最终被警方以涉嫌散布公民个人隐私为由对其进行行政拘留并处罚款。

（图：王嘉胤）

---

① 改编自真实案例，详情请参见北京互联网法院：《未成年人网络司法保护白皮书》。

2. 事件评析

自然人的就诊信息属于个人隐私范畴，其中包含健康数据。未成年人的健康数据属于应该予以倾斜保护的范畴，因为一旦泄露，将会对未成年人的成长造成严重的损害。本事件中的医务人员既未遵守职业道德，也未遵守相关法律的规定。其对民民就诊信息的散布，属于对民民健康数据相关权利的侵害，除了承担行政责任之外，还应对其侵权行为承担民事责任。

（三）赚钱 App：宣称"走路就可以赚钱"的 App，靠谱吗？

1. 事件经过

十周岁的民民下载了一个 App，该 App 在宣传中称"走路就可以赚钱"，民民考虑到每天需要走路上学，下载使用这个软件不费时、不费力，还能顺便赚点零花钱，便进行了下载。使用后，App 检测到其运动步数，民民通过平台获得了用户红包。民民的父母觉得蹊跷，经调查发现，该款 App 打着"送

(图：王嘉胤)

钱"的名义，擅自收集了民民的行踪轨迹、健康数据等个人信息，并进行出售。

2. 事件评析

健康数据属于敏感个人信息，一旦遭到泄露或非法处理，会给个人带来极大风险。切勿贪小便宜吃大亏，为了"红包"放弃保护自己的个人信息，等到健康数据泄露导致严重的损失时才追悔莫及。因此，在下载与使用 App 时一定要擦亮双眼，三思而后行。

（四）病情曝光：班主任可以擅自公布未成年人心理抑郁的信息吗？

1. 事件经过

十三周岁的民民因幼时遭受心理创伤，患有中度抑郁。民民积极就医，努力

回归正常的校园生活。父母担心民民在原来的环境中难以走出来,便为其办理了转学手续。不料,到新学校报到的当日,民民所在班级的班主任在没有征得民民及其父母同意的情况下,擅自将民民患有抑郁症的信息告知了全班同学,并提醒同学们要对民民多加关心和照顾,这给民民造成了很大的心理压力。

2. 事件评析

心理健康数据也属于健康数据。本事件中民民患有抑郁症的信息属于前文所述的未成年人健康数据,受到法律的保护。本事件中的班主任虽然是出于关心,担心民民无法很好地融入新环境而公布其病情,但是,这种关心的方式显然违反了法律的规定,已经造成了对民民隐私权等民事权利的侵害。

(五)信息甩卖:医疗机构可以将未成年人的住院信息"分享"给他人吗?

1. 事件经过

十三周岁的民民因生病需要住院。刚办理完住院手续,民民就接到了保险销售人员的推销电话,针对民民的病情精准推销了"手术意外险"等险种。后经查证,医院在患者办理住院手续后,将大量患者的姓名、手术类型、联系电话等医疗健康信息卖给了保险机构。此举已严重侵害了患者的合法权益,损害了社会公共利益。①

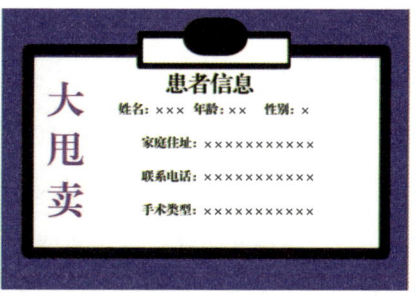

(图:王嘉胤)

2. 事件评析

患者在就诊、医治、复诊、康复等过程中会产生大量的健康数据。即便医院对相关医疗健康数据的采集与使用具有正当性,也不意味着患者因此授权医

---

① 改编自真实案例,详情请参见中华人民共和国最高人民检察院:《个人信息保护检察公益诉讼典型案例——江西省宜春市人民检察院督促保护医疗健康个人信息行政公益诉讼案》,中华人民共和国最高人民检察院网站,https://www.spp.gov.cn/spp/xwfbh/wsfbt/202303/t20230330_609756.shtml#2,访问日期:2023-9-29。

疗机构与他人"共享"自己的健康数据。尤其是对于未成年人，医院应对其健康数据进行特别保护，否则，泄露他人医疗健康数据的行为人应当就此承担侵权责任。

（六）数据错误：未成年人的体检数据不准确，影响大吗？

1. 事件经过

十三周岁的民民为了办理入学手续，按要求去某市医院做了系列体检项目。但因该医院机器设备损坏，工作人员未及时发现，导致民民的体检单中某一激素水平数据显示过高，不符合学校的招生条件。民民最终因此失去了在该学校就读的机会。

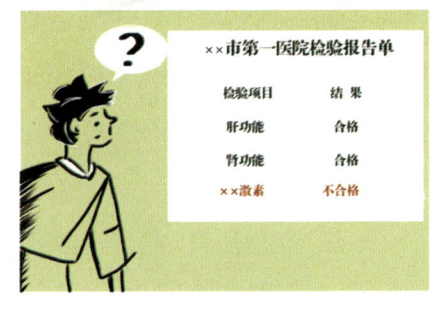

（图：王嘉胤）

2. 事件评析

正如前文在"基础十问"部分所述，根据《民法典》和《个人信息保护法》的规定，未成年人、父母或其他监护人就未成年人的数据享有知情权、同意权、更正权等权利。因此，民民的父母作为法定监护人有权要求数据处理者进行更正。由上述事件可知，健康数据的不准确会影响人们的生活，本事件所反映的只是其中一个方面，更严重的是，若医疗机构在采取诊疗手段时依据的是不准确的健康数据，将会对就诊人的生命权、身体权、健康权造成侵害。

（七）运动App：健康分析结果需要收集不必要的数据吗？

1. 事件经过

民民今年十三周岁，因其喜欢吃油炸类的高热量食品，故体重过高。在医生的建议下，民民开始尝试瘦身。为了督促自己，民民下载了某运动App来记录自己每天的饮食、运动情况等健康数据。但该App在征得其父母同意时仅告知了较为宽泛、模糊的处理目的和收集范围等信息，没有明确告知或解释数据采集的目的以及具体的数据使用用途。后来,民民发现,该 App 不仅储存了自己主动记录的健康数据,也收集了自己的心率、地理位置、每日行走轨迹。

2. 事件评析

某些运动 App 常以"记录"之名,过度收集用户的个人信息,这些 App 往往会采取

(图:王嘉胤)

"强制同意"的方式获取用户的同意权。例如,在进入注册的步骤之后,App 通常会要求用户点击同意数据收集协议,如果不点击同意,则用户无法使用该 App;一旦点击同意,App 就会超出约定范围收集、处理用户的健康数据,这就导致用户的健康数据存在泄露风险。未成年人在使用 App 时,受阅历、年龄、认知所限,往往无法正确判断 App 对健康数据的收集及其处理目的是否合法合理,因此,监护人需要为其把好关,以保护未成年人的健康数据。

(八)体温采集:未经本人同意,可以采集未成年人的体温数据吗?

1. 事件经过

民民所在的城市突然暴发了大面积流感,政府为了更好地控制流感的蔓延,保障人民的身体健康,决定在人员密集的公众场所采集人们的体温信息。民民就读的某高中属于政府规定的采集体温信息的范围,学校根据要求,在校门口设置了采集体温信息的设备。民民的父母认为这样的行为属于非法

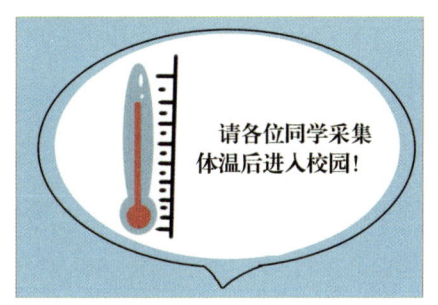

(图:王嘉胤)

采集健康数据,侵害了学生的个人信息相关权益,要求学校停止该举措。

2. 事件评析

根据《民法典》的规定,在一般情况下,处理他人的个人信息需要征得信息

主体的同意。但是，在符合法律规定的特殊情形下可以不征得信息主体的同意，其中包括本事件中的情况。当信息处理者的目的是维护社会公共利益，保障公共安全、公共卫生等情况时，即便未征得信息主体同意，也可以对相关个人信息进行处理。

（九）视力数据：培训机构可以收集未成年人的健康数据吗？

1. 事件经过

某培训机构出于牟利目的，与某眼镜店签订合作协议。协议约定：培训教师在课间休息时，向学生发放电子表单采集信息，其中包括学生的姓名、年龄、性别、家庭住址、就读学校、视力情况等。眼镜店在获取未成年人的相关数据后，根据数据条目向培训机构支付约定比例的报酬。

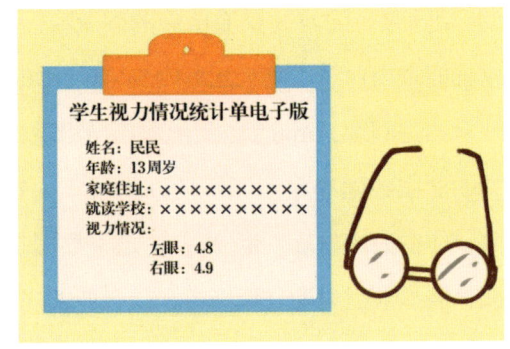

（图：王嘉胤）

2. 事件评析

未成年人的视力情况属于个人健康数据，是法律规定的敏感个人信息，应当予以特别关注与保护。本事件中，培训机构的做法已经侵害了未成年人的合法权益，不仅收集数据的目的缺乏正当性，收集数据的用途也不具有合法性。此外，该事件中培训机构与眼镜店的"数据共享"行为既未向信息主体履行告知义务，也未征得信息主体的同意，故该行为违法。

三、知识自测

（一）单选题

以下选项中不属于未成年人健康数据的是（　　）

A. 民民的姓名

B. 民民今日所做的健身项目

C. 民民今日的行走步数

D. 民民的心理健康评估结果

------- 答案及解析 -------

答案：A

解析：健康数据是个人信息中的一个分类，是指与健康有关的个人信息。未成年人的姓名虽然属于其个人信息，但不属于与身体、心理健康有关的数据。

（二）多选题

民民为了瘦身下载了一款运动 App，在注册账号时，该 App 通过弹窗告知民民，若想使用该 App 的服务，必须同意其收集民民的姓名、年龄、通讯录、过往病史、位置信息、心理状况、摄像头信息等数据。以下哪些选项是正确的？（　　）

A. 姓名、年龄、通讯录信息、位置信息、摄像头信息属于可以收集的范围

B. App 收集个人信息应遵循合法原则

C. App 收集个人信息应控制在最小必要范围内

D. App 收集个人信息必须与其处理目的直接相关

------- 答案及解析 -------

答案：BCD

解析：平台在收集未成年人的健康数据时应遵循合法、正当、必要与诚信原则，其所收集、处理的信息必须与其目的直接相关。本题中，除了身体的基本数据，以及运动数据等直接相关的信息之外，通讯录信息、位置信息、摄像头信息等数据不属于必要范围。

(三)思考题

某日,十周岁的民民在上课时突然晕倒,老师赶忙将其送往医院就诊。为了挽救民民的生命,医院需要立即采集其身体数据,并结合其实时情况、家族病史、过往病史等健康数据进行处理及分析。但是医院一直未能联系上民民的监护人。此时医院可以不经未成年人及其监护人同意而处理民民的健康数据吗?为什么?

---- 答案及解析 ----

答案:可以

解析:因为《个人信息保护法》规定,在紧急情况下为保护自然人的生命健康所必需时,可以不经信息主体的同意而处理其个人信息。此时民民已经昏迷不醒亟须治疗,符合法律规定的"无需取得同意"的情形。因此,医院为了保护民民的生命健康,可以在合法、正当、必要、诚信的范围内处理其健康数据。

四、本章相关法条

《民法典》第一千零三十五条　　　《民法典》第一千零三十七条

《民法典》第一千零三十六条　　　《民法典》第一千二百二十六条

第十四章
未成年人的网络隐私权利保护

一、基础十问

第一问:什么是未成年人的网络隐私权?

网络隐私权并不是一种新型的权利,是伴随着网络的发展从传统隐私权延伸而来的权利,其中既包括传统隐私权的内容,也包括具有线上生活特点的隐私权的内容。网络隐私权的权利主体既有权要求自己因网络而产生的隐私信息不被窥探、非法收集、非法披露,也有权以网络用户的身份要求平台为自己的隐私信息提供保护措施。例如,社交平台可以设置"状态仅自己可见""状态仅朋友可见"等选择项,从而为用户的网络隐私信息提供保护框架。但是,严格来讲,《民法典》中并没有"未成年人网络隐私权"的概念,因为未成年人的网络隐私权与成年人的网络隐私权在权利性质和内容上并无实质区别,但是,考虑到未成年人心智尚不成熟,不具备完全的民事行为能力,因此在保护方式上具有特殊性。

第二问:如何识别对未成年人网络隐私权的侵害?

常见的侵害方式均源自未成年人生活细节被暴露。例如,随着自媒体的普及,有很多"宝妈"热衷于在朋友圈、抖音等社交平台"晒娃",记录孩子看电影、旅游、比赛获奖等成长瞬间并分享。但不少家长在"晒娃"时不仅泄露了孩子的长相、姓名、年龄、就读学校等信息，还泄露了孩子不愿为人所知的隐私信息。对于这些碎片化的信息，有心人只要注意收集、善于拼凑，很快就能识别到具体的未成年人，并针对未成年人的性格特点、生活轨迹实施侵权，甚至实施犯罪行为。侵害未成年人网络隐私权的常见方式如表 17 所示。

表 17　侵害未成年人网络隐私权的常见方式

来自未成年人的侵害	来自监护人的侵害	来自其他主体的侵害
在微博、QQ 群等网络平台上擅自发布同学的姓名、家庭住址、联系电话等个人信息	在网络平台上擅自发布涉及未成年人姓名、住址、就读学校等个人信息的视频或图文	网络平台擅自收集未成年人的姓名、年龄、面容等个人信息
在网络游戏中擅自将同学的住址、联系电话等个人信息发送给陌生的游戏玩家	擅自翻阅未成年人存储在网盘、文件夹等私密空间的照片和日记	老师、医生等对未成年人有照护职责的人员在网络平台上擅自发布涉及未成年人姓名、学习情况、健康状况等个人信息的视频或图文

第三问：网络隐私权利与线下隐私权利有什么不同？

不同之处主要体现在隐私信息的产生渠道与存在空间上。网络隐私权利的产生渠道通常是在虚拟空间中，未成年人通过在社交媒体发布状态、在游戏空间产生数据、在互联网空间浏览信息等方式产生大量的线上隐私信息，诸如社交账号、聊天信息、密码信息等。线下隐私权利的产生渠道通常是在物理空间中，未成年人通过出生、成长、生活、读书、求学等产生大量的线下隐私信息，诸如姓名、年龄、性别、身体健康状况、亲友信息、就读信息等。

第四问：未成年人网盘中的私人照片属于网络隐私权的保护范围吗？

属于。网盘虽然是虚拟的，但也属于未成年人在网络上的私人空间，可由自己进行支配，其他人不得对其进行非法侵扰和刺探。网盘中的私人照片是以数据的方式存储于自己的网盘中的，是其不愿为人知晓的私密信息，为未成年人个人隐私，属于网络隐私权的保护范围。

第五问：在微信群或 QQ 群中披露未成年人隐私，需要承担责任吗？

需要承担责任。根据《民法典》的规定，任何人都不能在未经未成年人明确同意的情况下，泄露、公开未成年人的隐私，未成年人有权决定在何种范围和程度内公开自己的隐私。微信群或 QQ 群具有网络公共空间的属性，且人数较多，一旦未成年人的隐私信息在群中被披露，将会以不可逆的方式迅速被传播。因此，在微信群或 QQ 群中披露未成年人的隐私，需要承担侵权责任。

第六问：偷拍未成年人照片并发布的行为，需要承担责任吗？

偷拍未成年人照片并发布的行为，同时侵害了未成年人的隐私权和肖像权。此处就隐私权进行说明：隐私权源自对生活安宁的保护，每一个自然人均享有维护生活安宁并排除他人干涉的权利。偷拍他人的照片不仅是对他人生活的窥探，更是对他人生活安宁的侵扰。因此，偷拍未成年人照片并发布的行为，属于侵权行为，应当承担侵权责任。

第七问：未经未成年人同意转发其朋友圈里的照片，需要承担责任吗？

需要承担责任。虽然未成年人是自己将照片上传至朋友圈的，但这并不代表其他人可以不经其同意而转发。根据一般人的认知，朋友圈具有一定的私密性，未成年人有权决定是否公开自己的隐私以及公开的范围和方式。未成年人将自己的照片上传至朋友圈，目的是与朋友分享，并不是给他人转发、窥探提供素材。若未经其同意转发其照片，则会导致未成年人的照片被不特定的人知晓，这显然超出了未成年人想要公开自己隐私的范围，属于侵害未成年人的隐私权，需要承担责任。

第八问：为了保护未成年人披露其部分隐私信息，需要承担责任吗？

不需要。对隐私信息的披露是一种个人信息处理行为，根据《民法典》和

《个人信息保护法》的规定，在符合法律规定的情况下，信息处理者可以不经信息主体的同意直接处理个人信息。例如，处理该隐私信息属于履行法定职责或履行法定义务过程中的必要之举，或者处理该隐私信息属于应对突发公共卫生事件所必需，又或者处理该隐私信息是保护自然人的生命健康安全所必需，则无须征得该信息主体的同意。

第九问：对于传播未成年人隐私的行为，网络平台需要承担责任吗？

当未成年人的隐私信息在网络上被传播时，根据《民法典》和《网络安全法》等法律的规定，未成年人可以通知网络平台采取删除、屏蔽等措施。网络平台在接到通知后应当立即采取必要的技术措施来阻止其传播，对侵害未成年人隐私的信息进行及时消除、妥当处置，防止损害进一步扩大。如果网络平台在接到通知后对此事持放任态度、不作为，没有及时采取相应的措施，导致未成年人隐私信息泄露的危害结果扩大，那么网络平台需要就损害扩大的部分与实际实施侵权行为的人承担连带责任。

第十问：未成年人自行上传的隐私信息，平台可以自行处理吗？

平台不得在未经权利主体同意的情况下自行处理。首先，此处的"处理"是指平台对未成年人所上传隐私信息的处理。需要注意的是，即便未成年人将自己的隐私信息上传至某平台，也不意味着未成年人授权平台擅自处理其隐私信息，更不意味着他人可以就该隐私信息进行分析与处理。平台如果需要处理该用户的隐私信息，则需要通过用户协议或弹窗等方式取得权利人的同意，否则将构成侵权，需要承担侵权责任。

二、案例学习

（一）出借网盘：出借网盘账号等同于授权他人下载网盘内的隐私信息吗？

1. 事件经过

民民在某中学就读，是一名高二学生。因为喜欢自拍，民民在自己的某平台网盘中保存了大量自拍照。某日，民民的同学正正找到民民，表示想要借用一下民民的该平台账号，用于下载学习资料。民民同意了，并将自己的账号密码发给了正正。不料，正正从民民的网盘中下载了大量民民的自拍照。民民发现后，选择了报警。

（图：王嘉胤）

2. 事件评析

隐私权既包括自然人对私人生活安宁的维护，也包含对不愿为他人知晓的私密空间的维护。① 网络时代，空间的范围发生了变化，但是，不论是物理空间还是网络空间，只要是自然人可以自由支配的空间（包括各种云盘），均属于个人隐私的范畴，受到法律的保护。在本事件中，民民的网盘属于私人空间，虽然其主动将账号密码告知了正正，但是该行为只是为了给同学提供帮助，并不意味着允许对方窥探、下载自己账号内的隐私信息。正正的行为侵害了民民的网络隐私权，应承担侵权责任。

（二）分手暴击：分手后，可以将对方的私密信息发布在微信群中吗？

1. 事件经过

民民与典典同年同月同日生，并在十七周岁的时候一同升入某大学。两人结识后，认为彼此缘分颇深，便在交往中相恋。后来，两人因性格不合分手。分手后，民民因难以疏解内心的负面情绪，遂在二人共同的微信好友群（300 余人）中对典典肆意谩骂，

（图：王嘉胤）

---

① 私密空间，指的是由私人支配的、有形的物理空间或虚拟的空间场所。需要注意的是，这种私密空间也可能扩展到住宅以外的公共空间，如更衣室、宿舍、酒店房间、个人社交存储账号等。详情请参见最高人民法院民法典贯彻实施工作领导小组主编：《中华人民共和国民法典人格权编理解与适用》，人民法院出版社 2020 年版，第 340 页。

并将二人交往过程中的一些隐私信息发布至微信群中，导致部分微信群友对典典产生了不好的评价。典典伤心之余，将民民诉至法院。法院在查明事实后，判决民民在微信群对典典进行赔礼道歉，十日内不得删除。①

2. 事件评析

民民在微信群中发布典典私密信息的行为，已然构成对典典隐私权的侵害。除此之外，民民的行为还造成了不特定多数人对典典社会评价的降低，使典典的名誉权遭受了损害。民民应就自己的行为承担侵权责任，并且，鉴于法院判决的责任形式是"赔礼道歉"，因此，应由民民本人承担，不能由其监护人代劳。

（三）平台责任：网络平台转载涉及侵害未成年人隐私权的文章，需要承担责任吗？

1. 事件经过

民民是一名重度网瘾少年，父母为帮助其戒除网瘾，将其送到某中心进行教育。一家媒体在探访该中心后，撰写了《探访戒网瘾学校》的文章，并同意网络平台进行转载。在该文章的配图中，有民民的全身照和侧脸照，并且没有经过马赛克处理，很容易使他人辨认出是民民。因为该网络平台的受众广泛，所以民民父母认为该平台的行为已侵害了民民的隐私权，请求法院判决该平台承担侵权责任。②

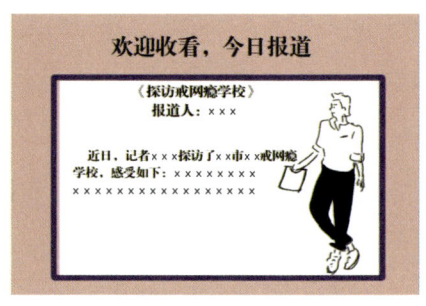

（图：王嘉胤）

---

① 改编自真实案例，详情请参见《网络非"法外之地" 微信群骂人同样侵权》，北大法宝，https://www.pkulaw.com/pal/a3ecfd5d734f711df2705c76684a29a9dbc8f0c8cd519e62bdfb.html?way=listView，访问日期：2023-9-30。

② 改编自真实案例，详情请参见中华人民共和国最高人民法院，《利用互联网侵害未成年人权益的典型案例》，中华人民共和国最高人民法院网站，https://www.court.gov.cn/zixun/xiangqing/99432.html，访问日期：2023-9-30。

2. 事件评析

网络平台在发布或转载涉及未成年人的新闻时要慎重，尤其应当注意保护未成年人的合法权益。就本事件而言，民民患有重度网瘾的信息属于其个人隐私，未经其同意不得披露，因为该信息的披露可能会导致民民朋友对其产生不当评价。因此，撰稿人在进行相关新闻报道时，应注意通过匿名的方式，并对相关照片进行模糊处理，使他人无法识别到民民。此外，虽然侵权的文章不是由平台所撰写的，但是平台在审核相关新闻的过程中没有尽到注意义务，应当就损害与侵权行为人承担连带责任。

（四）瘦身照片：他人发布在朋友圈的个人照片，观者可以随意转发吗？

1. 事件经过

民民从小有一个"明星梦"，为此其一直学习表演、歌唱、主持等文艺特长。但是，民民饮食结构不合理，酷爱吃薯片、炸鸡腿等高热量食物，导致其体重严重超标。高二时，在表演老师的建议下，民民终于下定决心瘦身。民民的妈妈为他找了专业的机构并制订了科学合理的瘦身方案。三个月后，民民瘦身效果明显。民民的妈妈开心地将民民瘦身前后的照片发到了自己的朋友圈。不料，该对比图被一个朋友转发给某瘦身产品的销售代表。三日后，该对比图在网上被大肆传播。民民的妈妈遂将该销售代表诉至法院，要求其承担侵权责任。

2. 事件评析

正如前文在"基础十问"中"第七问"的回答中所述，发布在朋友圈的照片虽然是民民的妈妈自主发布、自愿公开的个人信息，但是微信朋友圈具有私密性，在朋友圈发布不等于同意他人未经授权就转载。因此，擅自转发该照片的人已经构成了对民民隐私权的侵害。

（五）人肉搜索：未成年人发布 Vlog 时泄露了隐私信息，被大肆传播，怎么办？

1. 事件经过

民民今年十五周岁，平常很喜欢在某社交平台上发布 Vlog 记录自己日常。某日，民民在其发布的某条 Vlog 中不慎将自己的家庭住址和电话号码等隐私信息泄露，并且被多个平台搬运，导致含有民民隐私信息的 Vlog 被大范围传播。随后，民民及其家人不断受到骚扰，不堪其扰的民民最后只能选择报警处理。

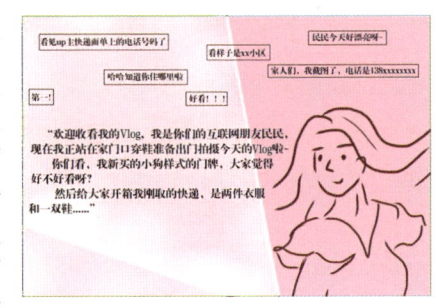

（图：王嘉胤）

2. 事件评析

民民作为未成年人，对其家庭住址、电话号码等隐私信息享有隐私权。根据法律规定，网络服务提供者在发现未成年人的合法权益受到侵害时，应当及时采取必要措施，比如断开链接、删除等，以避免损害进一步扩大。本事件中所涉及的网站均负有前述义务，否则，应就损害的扩大与传播他人隐私的人承担连带责任。

（六）宝宝隐私：平台可以擅自处理"宝妈"上传的含有宝宝隐私信息的视频吗？

1. 事件经过

民民刚出生不久，民民的妈妈便在某一专门为"宝妈"打造的网络社交平台上注册了账号，用于交流照顾宝宝的经验心得。某

（图：王嘉胤）

日，民民的妈妈为向广大网友们寻求帮助，上传了一段涉及民民隐私部位的视频。

2. 事件评析

首先,即便是用户自行上传的隐私信息,平台也不能擅自进行处理。虽然用户是自愿将未成年人的隐私信息上传的,但这种上传行为并不代表用户同意平台对未成年人的隐私信息进行处理,平台处理未成年人的隐私信息必须严守个人信息保护规则,征得明确同意,以保护未成年人的隐私安全。

(七)搜题软件:未成年人在 App 内点击"同意"时,需要注意什么?

1. 事件经过

民民今年上小学二年级。其在家里做作业时经常有不会的题目想让妈妈辅导,但妈妈很忙没有时间。于是,民民用 iPad 在 App 商店里下载了一些搜题软件。但因为还不具备较为完善的辨别能力,民民为了能够使用软件就胡乱点击了很多"同意",顺利完成了用户注册程序。后来民民

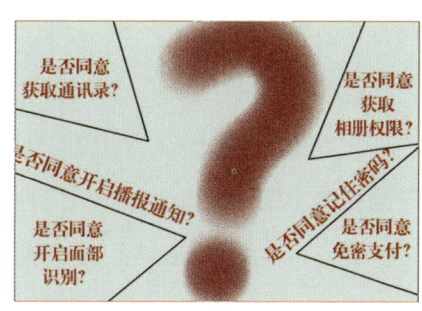

(图:王嘉胤)

的妈妈发现,该类搜题软件不仅没有向民民明确告知其收集信息的范围、处理方式和处理目的,还捆绑了很多"霸王条款",违法收集了民民的面部信息、通讯录信息等。

2. 事件评析

目前市场上部分 App 利用未成年人缺乏辨别能力的特点,诱导儿童同意其收集并处理未成年人的个人信息。家长作为监护人,应尤其注意为未成年人把关:主要应当从 App 收集信息的目的、范围、用途等方面判断平台方是否存在过度收集信息的行为,从而为被监护人的网络隐私提供充分的保护。

（八）监控被黑：监控 App 被入侵，责任应由谁承担？

1. 事件经过

十周岁的民民自己单独睡一个房间，民民父母为了能够及时发现危险状况，在民民的房间安装了监控，并按照操作提示下载了 App。但让民民的父母没想到的是，该监控程序被木马入侵，使黑客将所拍摄到的画面转存到公共网盘。

（图：王嘉胤）

2. 事件评析

父母在孩子房间安装监控的初衷是保护孩子的安全，没想到竟然成了泄露孩子隐私的工具。在该事件中，监控程序的运营方应就民民所受损害承担侵权责任。此外，对监护人而言，在日常生活中应尤其注意审核未成年人使用的电子产品是否存在类似的安全漏洞与安全隐患。因为在网络时代，隐私一旦在网络上被泄露，就很难被彻底地阻断与消除。

三、知识自测

（一）选择题

十周岁的民民最近感觉身体有些不舒服，便下载了一个医疗 App 并注册了账号。在线上问诊的过程中，民民详细叙述了自身的疾病情况、过往病史等信息。谁知，从问诊后的第二天起，民民就不停地接到多家保险公司、药品公司的推销电话，不胜其烦。更令人惊讶的是，电话中的推销员竟然能精准地说出民民的真实姓名和疾病情况。经查明，民民所下载的医疗 App 非法收集了民民的隐私信息，并泄露给相关机构。下列选项正确的是（　　）

A. 该医疗 App 非法收集民民隐私信息的行为侵犯了民民的网络隐私权

B. 因为民民是未成年人，所以该医疗 App 非法收集民民隐私信息的行为并

未侵犯其网络隐私权

C. 经民民同意后，该医疗App即可处理民民的个人信息

D. 该医疗App处理民民的个人信息应征得民民父母或其他监护人的同意

---- 答案及解析 ----

答案：AD

解析：B项错误，网络隐私权是从隐私权延伸而来的，属于一种人格权，从自然人一出生便享有，与年龄无关。C项错误，民民属于未满十四周岁的未成年人，处理民民的个人信息应当征得其监护人同意。

（二）选择题

民民酷爱在网上冲浪，在看到别人分享的事件时总喜欢评论一两句，表达自己的观点。某日，民民在某一视频下正常分享自己的观点后，遭到了众多网友的吐槽和言语攻击。很多网友还通过私信的方式对民民进行"消息轰炸"，其中不乏言语辱骂、威胁等，还有部分网友通过网络进行"人肉搜索"，披露了民民现实生活中的真实姓名、就读学校、家庭住址、照片等，影响了民民的正常生活。以下哪些选项是正确的？（　　）

A. 通过"消息轰炸"对民民进行辱骂攻击侵害了民民的网络隐私权

B. 只要断网就可以不受"消息轰炸"的影响，因此私信辱骂骚扰并没有侵犯民民的网络隐私权

C. "人肉搜索"侵犯了民民的隐私权

D. 对民民进行"人肉搜索"的网友们应当承担相应的民事责任

---- 答案及解析 ----

答案：ACD

解析：B项错误，通过私信"消息轰炸"对民民进行骚扰和辱骂的行

为，已经侵犯了其在网上享有的私人生活安宁，侵害了其网络隐私权，与是否断网无关。

（三）选择题

民民得了一种罕见的疾病，一直在积极治疗，不愿被别人知道。学校、老师和民民的父母为了维护民民的人格尊严并确保学校生活更加顺利，一直向同学隐瞒民民生病的事实。典典意外知晓后，在某社交平台上发布了一篇动态吐槽，其中包括民民的疾病信息、就读学校、姓名等。该条动态的浏览量与转发量上万，给民民造成了很大困扰。民民及时向该社交平台反映，并提交证据要求典典将相关动态删除，可该社交平台在两日后才予以回复、删除。以下哪些选项是正确的？（　　）

A. 典典将民民不愿被别人知道的疾病信息公布在社交平台上侵犯了民民的隐私权

B. 民民属于未成年人，无权要求平台删除其隐私信息、采取相应措施

C. 民民虽属于未成年人，但有权要求平台删除其隐私信息、采取相应措施

D. 平台接到民民的通知后并未及时采取必要措施，应当对扩大的损失承担连带责任

答案及解析

答案：ACD

解析：隐私权从一个人出生时便享有，与年龄无关，因此 B 选项错误。典典侵犯其隐私权，民民作为权利人当然享有要求平台采取相应措施的权利。另外，网络平台在接到通知后应当立即采取必要的技术措施来阻止信息传播，防止损害进一步扩大。如果网络平台在接到通知后对此事持放任态度、不作为，没有及时采取相应的措施，导致损害进一步扩大，则网络平台应当对损害扩大的部分承担连带责任。

四、本章相关法条

《民法典》第一千零三十二条　　　　《民法典》第一千零三十六条

《民法典》第一千零三十三条　　　　《民法典》第一千一百九十五条

《民法典》第一千零三十四条　　　　《民法典》第一千一百九十七条

第十五章

未成年人的网络肖像权利保护

一、基础十问

第一问：什么是肖像权？

肖像是特定的自然人在一定程度上可以被他人识别出来的外部形象，其并不局限于面部形象，只要能够呈现出自然人的外部形象，并且可以被他人清楚识别出该外部特征属于某个特定的自然人，这种外部形象就属于肖像。肖像的载体是多样的，包括电子形式或纸质形式的影像、雕塑、绘画等。肖像权，是指自然人依法享有的制作、使用、公开或者许可他人使用自己肖像的权利。网络肖像权是在网络空间中对肖像权的延伸，是权利人在网络空间内所享有的制作、使用、公开或者许可他人使用自己肖像的权利。

第二问：婴儿享有网络肖像权吗？

婴儿当然享有网络肖像权。肖像权属于一种人格权，是民事主体与生俱来的权利，不仅无须通过行为获得，而且与民事主体须臾不可分离。婴儿虽然年龄尚小，但依然具有独立的人格，从出生时起就享有人格权，自然也享有网络肖像权。虽然有人认为"婴儿一天一个样，变化很大，和长大之后的样子不同"，但是，只要在当前时期内，能够通过婴儿的面部特征识别到具体的婴儿，就属于肖像权的保护范畴。

第三问：常见的侵害未成年人肖像权的网络侵权行为有哪些？

在互联网飞速发展的今天，侵害未成年人肖像权的行为层出不穷，常见的侵害未成年人肖像权的行为如表 18 所示。例如，某些网络购物平台的商家会在商品的详情页使用非法获取的未成年人的照片进行展示；有些未成年人的照片、视频被擅自制作成表情包供网友免费或付费下载使用；有的未成年人在照相馆拍摄照片后，照相馆擅自将其照片发布在微信公众号中进行展示。诸如此类的行为不计其数，究其实质，是在未经肖像权人同意的情况下在网络空间中对他人肖像的使用。

表 18　常见的侵害未成年人肖像权的行为

线上网络侵权行为	线下侵权行为
擅自使用未成年人照片用于网络商品宣传	擅自使用未成年人照片用于线下商品宣传
擅自使用未成年人照片制作表情包	照相馆擅自加印未成年人照片用于宣传
擅自使用未成年人照片在公众号展示	偷拍未成年人
擅自使用未成年人照片进行 AI 换脸	在未成年人照片上进行恶意涂抹
擅自丑化未成年人照片并发布至网络平台	强迫未成年人拍摄照片并强行获得许可
擅自偷拍未成年人并将照片发布至网络平台	将未成年人照片用于非法用途

第四问：将未成年人的照片加工为表情包后使用，需要承担责任吗？

根据《民法典》的规定，在没有征得肖像权人同意的情况下，是不可以制作、使用、公开其肖像的，该规定同样适用于未成年人。如果制作人未经未成年人同意就将其照片制作成表情包，那么不论该表情包是对未成年人的美化还是丑化，不论该表情包的制作目的是娱乐还是营利，均属于对未成年人肖像权的侵害，需要依法承担侵权责任。

第五问：在未成年人的照片上乱涂乱画，需要承担民事责任吗？

根据《民法典》的规定，任何组织和个人都不能丑化或污损别人的肖像。对照片乱涂乱画的行为属于对未成年人肖像的丑化和污损，侵害了未成年人的肖像权,需要承担民事责任。

第六问:侵害未成年人肖像权的行为人可能会承担哪些民事责任?

侵害未成年人肖像权所承担的民事责任本质上是一种侵权责任,此时侵权行为人应当通过停止侵害、赔礼道歉、消除影响、恢复名誉等方式承担民事责任。侵害未成年人的肖像权导致其产生财产损失的,侵权行为人还应当赔偿损失;侵害未成年人肖像权导致其精神极度痛苦的,侵权行为人还应对其进行精神损害赔偿。前述民事责任既可以单独适用其中的某一项,也可以同时适用。

第七问:未成年人可以将自己的网络肖像权转让给他人吗?

网络肖像权属于肖像权的一种,其本质是人格权。人格权具有三个特征:与生俱来、不可分离、不可让与。与生俱来是指人格权因出生而获得,无须通过民事法律行为进行获取;不可分离是指人格权与权利主体须臾不可分离,更不可被抛弃;不可让与是指人格权因承载着权利主体的人格要素。因此,未成年人不能将自己的网络肖像权让与他人,即便做出了让与的行为,该行为也不产生法律效力。此处需要注意的是,虽然《民法典》第993条规定可以将自己的肖像许可他人使用,但人格权仍然属于我们自己,被许可的仅是肖像这一特定标识,而非肖像权的整体转让。

第八问:未成年人可以许可他人使用自己的网络肖像权吗?

《民法典》允许权利人将肖像权许可他人使用,允许他人根据约定的期限、范围、目的在商品、商标或者服务上面使用自己的肖像。但是许可他人使用权利的行为是民事法律行为,因此,需要针对未成年人的年龄进行考量。情形一:不满八周岁的未成年人不能许可他人使用自己的网络肖像权,因为其年龄太小,属于无民事行为能力人,签订的合同无效。情形二:八周岁以上的未成年人,属于限制民事行为能力人,如果其许可他人使用自己网络肖像权的行为经过其父母或者其他监护人同意、追认,则该许可行为有效,反之,该行为无效。情形三:十六周岁以上能够自食其力的未成年人,属于完全民事行为能力人的类别,可以独立作出决定,许可他人使用自己的网络肖像权。

第九问:在网络直播过程中使用未成年人的肖像,合法吗?

首先,使用他人肖像须获得他人同意。在没有获得他人同意的情况下,无论是否为了营利,都不可使用他人的肖像。其次,对未成年人而言,其尚不具备完全的辨识能力,无法完全获知"同意他人在直播中使用自己肖像"所可能产生的法律后果,因此直播人需要就此征求未成年人法定代理人的同意。需要注意的是,考虑到网络直播的特殊性,如果直播人在完成直播之后再征求未成年人法定代理人的追认,则对未成年人相关合法权益的保护而言将十分苍白无力。

第十问:是否在任何情况下都不能公开使用未成年人的肖像?

并非在任何情况下都不能公开使用未成年人的肖像,在符合法律规定的条件下,可以未经他人同意对其肖像进行合理使用。例如,未成年人如果已经将自己的肖像在网络公开,则使用人可以出于个人学习、艺术欣赏、教学科研的目的在必要的范围内进行使用;又如,国家机关为了履行法定的职责不可避免地需要制作、使用、公开未成年人的肖像;复如,为了展示特定的公共环境,不可避免地需要制作、使用、公开未成年人的肖像;再如,为了公共利益或者肖像权人本人的利益,需要制作、使用、公开未成年人的肖像。

二、案例学习

(一)借名谋利:培训机构未经许可使用未成年人的照片招揽业务,合法吗?

1. 事件经过

初中二年级的民民是一位围棋手,在各级别的围棋比赛中均获得了第一名的好成绩。某家培训机构为招揽客源，在未经民民及其家长同意的情况下，将民民比赛的照片放到自己的官方网站上，命名为"少年天才棋手，源自名师讲授"。该广告效应明显，诸多家长前来为孩子报名参加培训。民民的父母发现此事后，联系了培训机构，要求立即撤下相关广告。培训机构认为，民民还未成年，不具有肖像权，拒绝删除广告。

（图：王嘉胤）

2. 事件评析

不论是在线上，还是在线下，未成年人都享有肖像权。正如前文在"基础十问"部分所述，自然人依法享有人格权，网络肖像权作为人格权的一种，随自然人的出生而产生，随自然人的死亡而消灭。民民虽然是未成年人，但他享有与成年人一样的肖像权。本事件中的培训机构已然侵害了民民的肖像权，应承担停止侵害、赔偿损失等民事责任。

（二）借名引流：Plog 上的照片被他人截取并非法使用，怎么办？

1. 事件经过

典典自小长得乖巧秀气，典典的妈妈便将女儿的日常记录为 Plog 并发布在社交平台，收获了百万粉丝。典典的妈妈在发布照片时特别添加了水印"典典妈妈"。某日，粉丝给典典妈妈发私信："我发现有人把典典的照片 P 上了外国人的头发，好像是想要塑造典典混血孩子的身份，他还磨掉了照片上的水印！"同时附上了查看链接。典典妈妈查看后，发现女儿的照片确实被他人非法使用了，该行为人意图利用典典的照片吸引流量。于是，典典妈妈立即联

（图：王嘉胤）

系了行为人，要求其删除相关照片并赔礼道歉。

2. 事件评析

该侵权行为人在未经典典及其家长同意的情况下，擅自转载典典的照片、篡改了典典的照片并编造典典的国籍，其发布在社交平台上的图片含有典典清晰的面部，能够较为轻松地识别到典典本人。该侵权行为人明显侵害了典典在网络上的肖像权，应当依法承担民事责任。典典的妈妈所采取的措施是正确的，可依法要求侵权行为人停止侵害、赔偿损失、赔礼道歉。

（三）偷拍他人：未经未成年人同意的"街拍"，合法吗？

1. 事件经过

某媒体公司聘用了大量人员在市中心的步行街进行"街拍"，拍摄后发布在自营的社交媒体上以吸引流量。某日，民民父母发现，自己的孩子出现在某社交媒体的一段"街拍"中。民民的父母立即联系了该社交媒体，要求发布人删除相关视频和图片。该媒体公司拒绝了民民父母的请求，认为相关视频与图片中只有民民的侧脸，不属于对民民肖像的非法使用。

（图：王嘉胤）

2. 事件评析

发布人认为"自己发布的视频因为只有民民侧脸，所以不构成对其肖像的非法使用"，该观点是错误的。肖像是指自然人可以被识别的外部形象，不局限于肖像人整体的形象，也不局限于正面脸部的形象。只要具有可识别性，他人在阅览后能够识别到特定的自然人，就属于该自然人的肖像。就本事件而言，该媒体未经同意所进行的拍摄及发布行为，已经构成了对民民肖像权的侵害。

（四）恶意 P 图：可以将同学发布在朋友圈的照片制作成表情包吗？

1. 事件经过

初中生民民与自己的同班同学典典因生活琐事多次发生争吵，加之典典的学习成绩排名总是在自己的前面，遂对典典心生嫉妒与不满。为了给典典添堵，民民把典典发布在朋友圈里的自拍照恶意 P 成黑白的表情包，并发布在学校的贴吧中。典典知晓此事后，心理上很受伤害。

（图：王嘉胤）

2. 事件评析

民民的行为侵犯了典典的肖像权。根据《民法典》的规定，未经他人同意不得制作、使用、公开他人的肖像。虽然典典将包含自己肖像的照片发布在朋友圈，但其只是为了与朋友们分享，并不意味着允许他人未经许可而擅自使用。此外，民民的行为不仅涉及对他人肖像的非法使用，还涉及对他人名誉的贬低。因此，民民需要就此承担侵权责任。

（五）直播美发：理发师直播理发过程，需要征求顾客同意吗？

1. 事件经过

民民今年十三周岁，经常在小区楼下的理发店理发。某日，理发师在没有征求民民同意的情况下，将理发过程通过网络直播。民民发现后要求删除相关直播视频。但理发师觉得民民太矫情，认为自己的直播对民民来讲没有损失，还说，"这是对我高超手艺的宣传，不是为了宣传你！再说

（图：王嘉胤）

了,其他顾客都很高兴能在我的直播间露脸呢!"交涉无果后,民民告诉了父母。民民的父母再次与理发店沟通无果后,将理发店诉至法院,要求其承担民事责任。

2. 事件评析

理发师未经民民的允许擅自直播其理发过程,等于将民民的形象暴露在直播间,这一行为侵犯了民民的肖像权。《民法典》规定,权利人享有公开或不公开自己肖像的权利。民民的拒绝既不是矫情,也不是不懂潮流,而是权利意识的彰显。理发店应当就其行为承担侵权责任。

(六)公布肖像:公安机关制作的通缉令会构成对他人肖像权的侵害吗?

1. 事件经过

十七周岁的民民因生活琐事对他人实施了严重的暴力犯罪,公安机关在抓捕的过程中,民民逃脱了围捕。于是,公安机关制作了通缉令,其中包括民民的肖像、姓名、年龄、衣着、身高、口音等详细信息,并在各大媒体进行公布。

(图:王嘉胤)

2. 事件评析

公安机关的做法并未侵害民民的肖像权。正如前文在"基础十问"部分所述,并非在所有情况下均须取得权利人的同意才可制作、使用、公开其肖像。国家机关为了履行法定的职责,可以在未经权利人同意的情况下使用民民的肖像。

(七)发帖寻人:偷拍他人照片发布到网络上进行赞美式捞人的行为合法吗?

1. 事件经过

十五周岁的民民因为相貌出众,在参加考试时被他人偷拍。后偷拍者将所偷拍的照片发到短视频平台上，并配文"家人们，谁懂啊，这个男生太帅啦！求帮忙捞人！"

2. 事件评析

自短视频平台进入大众视野以来，这种偷拍他人照片再发布到网络上"捞人"的现象屡见不鲜。虽然这种行为看似是在夸奖他人相貌出众且没有恶意，但偷拍者并未征得他人同意，属于对他人肖像权的侵害。肖像权人可以依法请求偷拍者承担侵权责任。

（图：王嘉胤）

（八）场景记录：新闻报道的画面中出现未成年人的肖像，合法吗？

1. 事件经过

某小学因地震发生了坍塌事故，地方电视台的记者在报道实时情况的过程中，不可避免地拍摄到一些画面，其中包括民民从记者身后经过的画面。民民的父母认为该电视台未经自己许可拍摄了民民的肖像，侵害了民民的肖像权，并要求电视台承担删除报道视频等侵权责任。

（图：王嘉胤）

2. 事件评析

正如前文在"基础十问"部分所述，在符合法律规定的情形下，可以未经他人同意制作、使用、公开他人的肖像，其中就包括媒体为了新闻报道，不可避免地制作、使用、公开未成年人的肖像。因此，本事件中的电视台不构成对民民肖像权的侵害，因为所拍摄的画面是为了新闻报道，并未突出展现民民的个人形象。

（九）擅制肖像：幼儿园活动中，摄影公司擅自将小朋友照片印制成台历，合法吗？

1. 事件经过

某幼儿园在元宵节来临之际举行了游园活动，小朋友们可以穿着汉服参与游园活动。为了使活动达到较好的效果，幼儿园邀请某摄影公司为小朋友们拍照。但该摄影公司在未征得孩子家长同意的情况下，擅自将所有孩子的照片印到台历上，并提议将台历出售给孩子的家长。

（图：王嘉胤）

2. 事件评析

虽然该摄影公司的出发点可能是为了给孩子留作纪念，但是，根据《民法典》的规定，这种使用他人肖像的行为应当征得权利人的同意。因为幼儿园的小朋友尚不具备民事行为能力，所以该摄影公司应当事先征得小朋友父母或其他监护人的同意，否则属于侵权行为。小朋友的父母或其他监护人可以拒绝购买，并要求摄影公司立即彻底销毁印有小朋友照片的台历。

三、知识自测

某电视台为了报道当地的小吃街，不可避免地拍摄到一些路人。其中，十周岁的民民坐在街边吃玉米的画面在新闻背景中一闪而过。本来不起眼的一个镜头，却被民民的同班同学典典发现了。典典觉得这个画面很有趣，于是，在未经民民同意的情况下，将民民的照片截图后做成了表情包，在网络上疯传。准准看到表情包后，利用修图技术对民民的照片进行"恶搞"，故意涂改了民民的肖像，并将该表情包发到了班里的微信群里。

（一）选择题

根据题目中的表述，下列选项中正确的是（ ）

A. 因为民民是未成年人，所以其不享有肖像权

B. 某电视台的新闻报道侵犯了民民的肖像权

C. 某电视台的新闻报道没有侵犯民民的肖像权

D. 典典只是将新闻报道中的视频截图，并没有自己进行拍摄，因此其制作表情包的行为没有侵犯民民的肖像权

---- 答案及解析 ----

答案：C

解析：首先，肖像权的享有与年龄无关，未成年人和成年人都享有肖像权，因此 A 选项错误。其次，电视台的报道属于对特定场景的展现，不是为了凸显民民的肖像，因此 B 选项错误。最后，典典对民民表情包的制作属于未经他人同意对他人肖像的制作行为，构成对民民肖像权的侵害，应承担侵权责任，因此 D 选项错误。

（二）选择题

根据题目中的表述，下列选项中错误的是（ ）

A. 准准只是将表情包发送到了班级的微信群，不属于侵害民民的肖像权

B. 准准丑化、玷污了民民的肖像，构成对民民肖像权的侵害

C. 典典和准准应当对民民进行赔礼道歉

D. 因为典典和准准已经选择了赔礼道歉，所以可以不赔偿民民的损失

答案及解析

答案：AD

解析：首先，准准的行为属于未经他人同意对他人肖像进行制作、使用的行为，构成对民民肖像权的侵害，因此 A 选项错误。其次，准准对民民肖像的"恶搞"行为，属于对他人肖像的丑化与玷污，构成对他人肖像权的侵害，因此 B 选项正确。最后，既然典典和准准的行为都构成了侵权责任，就应当依法承担相应的民事责任，包括赔礼道歉、赔偿损失、停止侵害等。因此，C 选项正确、D 选项错误。

（三）选择题

正正今年七周岁，他的朋友为其拍摄了一组表情包，经过正正的同意后将这组表情包上传至网络，没想到很受网友喜爱，一家公司找到了正正，希望正正能够授权自己使用该系列表情包。正正没想到自己的这组"丑照"竟然还能挣到一些零花钱，便与公司签订了肖像权许可使用合同。下列选项中正确的是（ ）

  A. 肖像不能许可他人使用

  B. 正正签订的肖像权许可使用合同合法有效

  C. 正正签订的肖像权许可使用合同无效

  D. 正正的父母知道了此事，经过与正正商量之后，由正正的父母代理签订了肖像权许可使用合同，该合同合法有效

答案及解析

答案：CD

解析：首先，A 选项错误，肖像权不可转让，但可以许可他人使用。其次，B 选项错误，正正七周岁，属于无民事行为能力人，其签订的合同无效。最后，C 选项与 D 选项正确，正正七周岁，属于无民事行为能力人，签订合

同的民事法律行为应由其父母代理。

四、本章相关法条

《民法典》第十三条　　　　　《民法典》第九百九十二条

《民法典》第十八条　　　　　《民法典》第一千零一十八条

《民法典》第十九条　　　　　《民法典》第一千零一十九条

《民法典》第二十条　　　　　《民法典》第一千零二十条

《民法典》第一百一十条　　　《民法典》第一千一百八十三条

《民法典》第一百七十九条

篇四

民法典与未成年人线下社会生活 50 问

第十六章
未成年人买卖物品相关权利的保护

一、基础十问

第一问：未成年人的市场交易行为是否有效？

根据《民法典》的规定，不满八周岁的未成年人是无民事行为能力人，无民事行为能力人买卖东西等交易行为是无效的。小朋友如果想买卖东西就要请法定代理人（例如爸爸、妈妈）帮忙，代其实施民事法律行为；八周岁以上的未成年人是限制民事行为能力人，这类小朋友买卖东西等交易行为只要和自己的年龄、智力、精神健康状态相适应就是有效的，纯获利益的行为也是有效的。也就是说，十五周岁的典典可以拿着自己的钱去买文具用品，但是不可以瞒着爸爸妈妈去炒股、买基金、买古玩等。但是，需要注意的是，如果未成年人能够不依靠他人的经济支援，自食其力，即以自己的劳动收入为主要生活来源，则其在法律上可以被视为成年人，从而可以独立地实施买卖物品的行为。

第二问：七周岁的未成年人购买首饰的行为是否有效？

根据《民法典》的规定，不满八周岁的未成年人是无民事行为能力人，由法定代理人实施民事法律行为，因此无民事行为能力人买卖东西等交易行为是无效的。就本问而言，七周岁的未成年人因为对金钱、购买行为、购买流程的认知都处于有限的阶段，所以该年龄段的小朋友购买首饰的行为无效，监护人可以将首饰返还给商家，并要求商家退还相应款项。

第三问：七周岁的未成年人将自己喜爱的物品赠与他人的行为是否有效？

根据《民法典》的规定，不满八周岁的未成年是无民事行为能力人，由法定代理人实施民事法律行为。其中，不论是需要支付对价的交易行为，还是无须支付对价的赠与行为，都属于民事法律行为。因此，七周岁的未成年人的赠与行为在法律上没有效力，不会因为已经"交付"就转移所有权，监护人可以请求受赠人返还财产。

第四问：十一周岁的未成年人购买 iPhone15 的行为是否有效？

根据《民法典》的规定，八周岁以上的未成年人为限制民事行为能力人，只能独立实施与其年龄、智力相适应的民事法律行为或者纯获利益的民事法律行为。iPhone15 的市场价格在 5000 元以上，已经超出该年龄段大部分未成年人对零花钱的支配范围，因此，对该手机的购买需要由其法定代理人代为实施，或者征得法定代理人的同意、追认。如果法定代理人事前拒绝实施，事后拒绝追认，则该购买行为无效，卖方应返还价款、买方应返还商品。

第五问：十七周岁的未成年人购买价值 12 万元汽车的行为是否有效？

根据《民法典》的规定，十六周岁以上的未成年人购买物品，分两种情形。情形一：对还无法自食其力的未成年人而言，如果想要购买价值 12 万元的汽车，则应请求监护人代为实施交易活动。情形二：对已经能够自食其力的未成年人而言，因为已经被视为具有完全民事行为能力的成年人，因此可以自行购买 12 万元的汽车，购买行为产生法律效力。

第六问：十七周岁的未成年人购买珠宝首饰的行为是否有效？

对十七周岁的未成年人而言，购买学习用具、生活用品符合其年龄、智力的认知范围,而购买珠宝首饰的行为已经超出一般人对该年龄段生活需求的认知范围,需要征得其法定代理人的同意、追认。如果法定代理人拒绝对未成年人已经实施的购买行为进行追认,则该行为无效,商家需要退还钱款,法定代理人需要退还未成年人所购置的珠宝首饰。

第七问:十七周岁的未成年人是否可以用兼职所得购买生活用品?

根据《民法典》的规定,十七周岁的未成年人可以独立实施与其年龄、智力相适应的民事活动。十七周岁的未成年人在体验社会的过程中,可以通过周末兼职等方式进行社会实践,并对因此所获得的收入享有自由支配的权利,可以购买与其年龄相适应的生活用品。

第八问:十七周岁的未成年人处分不动产的行为是否有效?

不动产价值较高,一般情况下,已经超出该年龄段未成年人的认知范围。对该年龄段的未成年人而言,难以完全了解不动产交易的背景、流程以及法律后果。因此,该年龄段的未成年人如果确有处分自己名下不动产的需求,则应由其法定代理人进行处理。

第九问:未成年人过年获得的"压岁钱"应归谁所有?

根据《民法典》的规定,无民事行为能力人所实施的法律行为无效,限制民事行为能力人可以实施与其年龄、智力相适应的民事活动或者是纯获利益的民事活动。"压岁钱"作为长辈对晚辈的祝福,是赠与行为。对未成年人而言,是纯获利益行为。因此,不满八周岁的未成年人需要由其法定代理人代为接受赠与并代为保管,八周岁以上的未成年人可以独立支配该款项。

第十问:未成年人父母以未成年人名义购置的不动产归谁所有?

归不动产登记人所有。法律考虑到未成年人因年龄较小、智力发育不完全,还不具备完全的民事行为能力,因此专门设置了监护制度以对该群体进行保护。但是,不具有完全的民事行为能力不等于不具有民事权利的享有资格。每一个自然人,从出生时起到死亡时止都享有民事权利能力,可以据此享有权利、承担义务。因此,即便处于未成年的状态,也不影响未成年人作为权利人享有对名下不动产的财产权。

二、案例学习

(一)购买烤肠:小学生买烤肠吃的行为有法律效力吗?

1. 事件经过

九周岁的典典因父母工作变动转学到某市的新学校。到学校后,典典发现学校门口的烤肠非常好吃。于是典典每天放学都会花费 2 元购买一根烤肠。

2. 事件评析

根据《民法典》的规定,不满八周岁的未成年人是无民事行为能力人,无民事行为能力人实施的民事行为无效。也就是说,不满八周岁的小朋友自己买东西、卖东西都是无效的。本案例中,典典已经九周岁,他买

(图:赵珊珊 郭玥含)

烤肠吃的行为属于正常的生活行为,符合自己的年龄和认知,因此是有效的民事法律行为。

(二)购买文具:小学生购买文具的行为有法律效力吗?

1. 事件经过

刚满九周岁的典典正在上三年级,花 30 元买了一个粉红色的新文具盒,拿

回家后妈妈认为典典乱花钱，还是小朋友，买卖行为不能作数，便找到商家要求退款，但是商家拒绝退款。

2. 事件评析

根据《民法典》的规定，八周岁以上的未成年人是限制民事行为能力人，买卖东西等交易行为只要和自己的年龄、智力相适应就是有效的。九周岁的典典花 30 元购买文具盒的行为与该年龄段未成年人的年龄和智力相匹配，属于有效的民事法律行为。由此可知，未成年人在购物时，一定要选择在自己年龄和智力范围内的商品，如购买超过自身认知范围的贵重物品一定要告知监护人。

（图：赵珊珊　郭玥含）

（三）玩具大户：小学生先后花费千元购买玩具，其行为有效吗？

1. 事件经过

江苏省泰州市一名六年级小学生在校门口的小卖部先后花费千元购买玩具，家长要求退货被拒，双方因此发生争吵，引发热议。①

2. 事件评析

根据《民法典》的规定，八周岁以上不满十八周岁的未成年人是限制民事行为能力人，可以独立购买符合自己年龄和智力认知的物品。本事件中的未成年人单次购买玩具的价值可能符合其年龄与智力状态，但是多次在同一处购买价值超过千元的玩具超出其正常的认知范围，需要经其法定代理人同意、追认。因此，在法定

（图：赵珊珊）

---

① 改编自新闻报道，详情请参见《泰州小学生在校门口小卖部花了 1000 多元买玩具，家长要求退货被拒》，搜狐网，https://www.sohu.com/a/475143060_100023190，访问日期：2023-9-30。

代理人拒绝追认行为效力、提出退货的时候,卖方应予以退款。

(四)高档消费:未成年人购买高档物品的行为是否一律无效?

1. 事件经过

典典今年十七周岁,父母早逝,于是典典通过打工养活自己。过年时,典典用自己的积蓄给爷爷奶奶购买了一个高档按摩椅,花费 16666 元。

2. 事件评析

根据《民法典》的规定,十六周岁以上并能够通过自己的劳动收入作为主要生活来

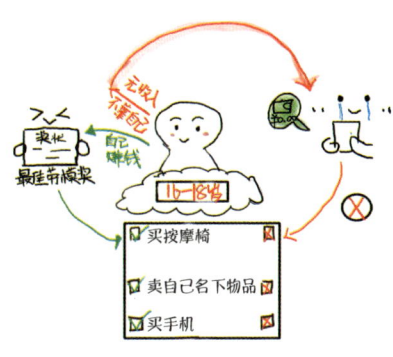

(图:赵珊珊)

源的未成年人,可以被视为成年人,即完全民事行为能力人。本事件中,典典虽然是十七周岁的未成年人,但其已经能够打工赚钱养活自己,可以被视为完全民事行为能力人。因此,典典购买按摩椅的行为有效。需要注意的是,十六周岁以上通过自己劳动养活自己的未成年人,虽然可以被视为"大人",但是在实施各种行为时,也要不断积累社会经验,注意保护自己的合法权益。

(五)出售金饰:未成年人可以做主将自己的物品卖给他人吗?

1. 事件经过

张大爷与典典是邻居。典典今年十周岁,因为父母平时工作繁忙,所以典典经常和张大爷一起玩耍。某日,张大爷看到典典脖子上有一个很漂亮的金锁,在知晓该金锁是典典父母送给典典的生日礼物之后,张大爷向典典提出用 400 元购买。典典觉得张大爷就像自己的爷爷一样亲切,便答应了。典

(图:赵珊珊)

典父母发现后，要求张大爷退还，张大爷却称金锁属于典典个人所有，典典有支配的权利，并且他也是自愿出售的，拒绝退还。

2. 事件评析

首先，十周岁的典典作为限制民事行为能力人，只能独立实施纯获利益的行为或者与其年龄、智力相适应的行为。将金锁卖给他人不是纯获利益的行为，并且，金锁价值过大，不属于典典这个年龄段的未成年人的认知范围。因此，典典将金锁卖给他人的行为属于效力待定的行为，需要得到其法定代理人的同意、追认。本事件中，既然典典父母拒绝追认，则典典与张大爷之间的交易行为应属无效，张大爷应将金锁退还典典父母，典典父母也应当将钱款退还张大爷。

（六）为子购房：父母购房可以登记在孩子名下吗？

1. 事件经过

十五周岁的典典和父母生活在成都。典典的父母见成都地区的房价迅猛上升，于是准备为典典购置一套房产，由其父母支付首付，并偿还房贷直至典典大学毕业，典典表示很开心。

2. 事件评析

正如前文在"基础十问"部分所述，未成年人不具有完全的民事行为能力不等于未成年人无法享有民事权利。本事件中，典典父母所购置的不动产可以登记在典典名下，典典依法对该房产享有财产权。

（七）偶中大奖：未成年人免费抽奖后，中奖有效吗？

1. 事件经过

周末，十五周岁的典典和同学约好在人民广场逛街。在等待同学期间，典典注意到旁边有商

（图：赵珊珊）

户在举办活动，只要参与就能免费抽奖。典典闲来无事，便去前台随意抽取了一张奖券，没想到竟是一等奖——2888元现金。典典找到工作人员兑奖，工作人员查看其身份证后，以典典是未成年人中奖无效为由，拒绝为其兑奖。

2. **事件评析**

根据《民法典》的规定，限制民事行为能力人可以独立实施纯获利益的行为。免费抽奖对未成年人而言，是没有任何负担的纯获利益行为。因此，该行为即便未经监护人同意，也是合法有效的。本事件中，十五周岁的典典属于限制民事行为能力人，他的抽奖行为是有效的，他有权利兑奖。

（八）微信赊账：未成年人在文具店"赊账"的行为有效吗？

1. **事件经过**

民民今年十周岁，由于父母在异地工作，因此民民常年跟着爷爷奶奶生活。在民民家对面有一个文具店，民民很爱去该文具店买文具。每次买完文具之后，民民就会告诉自己的爷爷，请爷爷转账给店老板。某日，爷爷收到了店老板的微信消息，消息中称民民本次购物有600元欠款，请爷爷尽快支付。

2. **事件评析**

根据《民法典》的规定，十周岁的小学生属于八至十八周岁的限制民事行为能力人，可以独立购买在其年龄和智力认知范围内的物品。上述事件中，民民购买文具的行为，本来符合十周岁小学生的认知范围，但是民民一次性购买了600元的商品，已超出正常范围。因此，民民的爷爷认为"不行"的商品，就需和文具店老板协商处理，由店老板退还款项、民民退还物品。

（九）明星童模：未成年人做平面模特所获收益，可以由自己支配吗？

1. **事件经过**

十三周岁的典典面容姣好，是各大杂志争相邀请的小模特。每次在辛苦拍摄之后，各杂志都会根据拍摄时长将报酬支付给典典的母亲，平均下来，典典每次拍摄报酬在 5 万元以上。典典认为不合理，质疑道："为什么我辛辛苦苦挣的钱，自己却无法直接支配呢？"

2. 事件评析

根据《民法典》的规定，十三周岁的典典是限制民事行为能力人，只能独立从事与自己年龄、智力相适应的民事活动或者是纯获利益的活动。典典通过做平面模特所获得的收入是在自己付出辛劳之后的收入，不属于纯获利益行为。因

（图：赵珊珊）

此，典典能否对自己的收入进行支配，要视情况而定。如果收入的款项属于该年龄段未成年人的认知范围，则典典可以自由支配；如果收入的款项明显超出该年龄段未成年人的认知范围，则需要由其监护人进行保管与支配。

（十）名酒抛售：未成年人可以独立营业，将名酒低价售给他人吗？

1. 事件经过

民民今年十六周岁，正值青春期，很欣赏本年级的一位女生，想要送她一个名牌包作为生日礼物。但是，该名牌包的价格颇高，民民难以用自己的生活费购买，于是其把目光投向了父母所开的店。某日，民民趁父母不在店中，将店中的名酒低价售卖给他人。父母发现后，要求对方返还相关物品。

（图：赵珊珊）

2. 事件评析

根据《民法典》的规定，十六周岁的未成年人属于限制民事行为能力人，只能从事与其年龄、智力相适应的民事活动。名酒的价值已经远超该年龄段未成年人的认知范围，不属于该年龄段可以自主开展的民事活动。因此，该民事活动只

有在监护人的知悉下实施，方可有效。本事件中，民民私自将店中的名酒卖出，没有经过监护人事前同意，监护人事后发现也拒绝进行追认，因此，该售卖行为应属无效，买卖双方应向彼此返还货品与钱款。

三、知识自测

（一）配对题

请根据你的理解，将三个框中的内容进行连线匹配。

A. 无民事行为能力人	a. 八至十八周岁的"大朋友"	1. 花30元买笔记本
B. 限制民事行为能力人	b. 不满八周岁的"小朋友"	2. 购买价值1000元的自行车
C. 视为完全民事行为能力人	c. 十六周岁自食其力的"大人"	3. 乘坐公交车

------ 答案及解析 ------

答案：A—b—3；B—a—1；C—c—2

解析：不满八周岁的未成年人属于无民事行为能力人，即"小朋友"，其实施的民事行为无效，但父母已经预定使用用途的钱款，未成年人可以进行支配，例如本题中所列的"乘坐公交车"行为。八周岁以上的未成年人属于限制民事行为能力人，即"大朋友"，可以实施与自己年龄、智力相适应的行为，例如购买文具。十六周岁以上依靠自己劳动收入养活自己的未成年人被视为完全民事行为能力人，可以用自己的劳动所得购买价值1000元的自行车。

（二）简答题

典典今年七周岁，在某校就读小学一年级。某日下午放学后，典典回家途中路过一家零食店，进去购买了两箱进口薯片，共计花费100元。回家后，典典的妈妈看到了两箱薯片，大发雷霆，严厉地批评了典典，告诫典典不许吃零食。典典妈妈拿着未拆封的两箱薯片去找店老板要求退货。请问典典购买两箱薯片的行为有效吗？

------ 答案及解析 ------

答案：无效。

解析：根据我国《民法典》的规定，不满八周岁的未成年人为无民事行为能力人，应由其法定代理人代为实施民事法律行为。典典作为无民事行为能力人，购买薯片的行为是无效的，典典妈妈可以依法要求店老板退货。

（三）选择题

典典是一名初一的学生，看到同班同学都有手机，而自己没有手机，心里非常羡慕，多次央求爸爸妈妈给他买一部智能手机，都被爸爸妈妈拒绝了。于是典典省吃俭用，攒下一年的生活费，在十四周岁生日时，偷偷到专卖店给自己买了一台iPhone15手机。以下说法正确的是（　　）

A. 典典购买iPhone15手机的行为是有效的

B. 典典购买iPhone15手机的行为如果未经爸爸妈妈同意，就是无效的

C. 典典购买iPhone15手机的行为如果经过爸爸妈妈同意，就是有效的

------ 答案及解析 ------

答案：BC

解析：根据《民法典》的规定，八周岁以上的未成年人为限制民事行为能力人，实施民事法律行为需要通过法定代理人代理或者经其法定代理人同意、追认。也就是说，典典想购买iPhone15手机的话一定要爸爸妈妈代为购买，或者一定要经过爸爸妈妈的同意，否则就是无效的。

（四）判断题

典典今年十七周岁，为了给妈妈买一个生日礼物，典典省吃俭用积攒了几个月的零花钱，又向妈妈要了一些钱谎称是学校收取的书本费。攒够钱之后，典典来到一家珠宝店买了一条金项链，并在妈妈生日那天送给了她。妈妈收到礼物后认为不妥，觉得自己已经有项链了，无须再浪费钱去买金项链。请判断正误：妈妈是否有权向珠宝店老板要求退货？

---- 答案及解析 ----

答案：典典的妈妈有权要求退货。

解析：根据《民法典》的规定，十七周岁的典典属于限制民事行为能力人，购买珠宝首饰等贵重物品，需要法定代理人代理，或者经法定代理人同意。如果法定代理人不同意，则该购买行为无效，法定代理人可以要求卖方退款，并将货品退还卖方。

四、本章相关法条

《民法典》第十七条　　　　《民法典》第十八条

《民法典》第十九条　　　　《民法典》第二十条

《民法典》第二十三条　　　《民法典》第三十五条

《民法典》第一百四十三条　《民法典》第一百四十四条

《民法典》第一百四十五条

第十七章
未成年人租赁、借贷相关权利的保护

一、基础十问

第一问：七周岁的未成年人向他人借钱的行为有效吗？

无效。根据《民法典》的规定，不满八周岁的未成年人是无民事行为能力人，实施借钱的行为需要经过监护人的同意或者由监护人代理，该年龄段的小朋友独自向他人借钱的行为是无效的。

第二问：十七周岁的未成年人向他人借钱的行为有效吗？

根据《民法典》的规定，八周岁以上的未成年人向他人借钱的效力要分情况讨论。如果十七周岁的未成年人因忘记带钱，临时向同学借10元购买一支笔，则该行为因符合其年龄和智力认知而有效。如果十七周岁的未成年人向同学借5000元买一个游戏机，则需要经过监护人的同意，未经事先同意的借钱或者借钱后监护人不认可的行为，都属于无效行为。

第三问：监护人将未成年人作为借贷担保人的行为有效吗？

需要明确的是，监护人在监护期间应当秉持最有利于被监护人的原则为被监护人决策，其中，既包括为了被监护人的利益决定如何对其进行教育、管理，也包括为了被监护人的利益决定如何处分其财产。为他人的债务做担保人存在风险与责任，若债务人无法如约清偿，则担保人需要就此承担担保责任。对未成年人而言，不属于对其有利的情形，故未成年人可主张该行为无效。

第四问：未成年人可以通过"打白条"的方式进行网络消费吗？

需要分情况讨论。情形一：不满八周岁的未成年人，属于无民事行为能力人，其实施的行为一律不产生法律效力，因此，即便该年龄段的未成年人实施了"打白条"的行为，该行为也是无效的。情形二：八周岁以上的未成年人，属于限制民事行为能力人，可以独立实施与其年龄、智力相适应的行为或纯获利益的行为。"打白条"行为的实质是超前消费，因该行为可能产生的法律后果超出该年龄段的未成年人的认知范畴，故该行为需要得到其法定代理人的同意或追认方可产生效力。情形三：十六周岁以上且以自己劳动收入为主要生活来源的未成年人，被视为完全民事行为能力人，可以"打白条"消费并自行承担责任。

第五问：十七周岁的打工人在自食其力情况下的租房行为有效吗？

有效。十六周岁以上的未成年人虽然是限制民事行为能力人，但是能够以自己的劳动收入为主要生活来源，谋生能力已经与成年人相当，则可以被视为完全民事行为能力人。完全民事行为能力人实施的租房行为只要不违反法律的强制性规定和公序良俗，就是有效的。

第六问：十七周岁的在校生能独自签订租房合同吗？

十七周岁的在校生属于限制民事行为能力人。根据《民法典》的规定，限制民事行为能力人所实施的民事法律活动需要征得法定代理人的同意、追认。因此，十七周岁的在校生签订租房协议时，需要由其法定代理人签字，否则租房合同无效。

第七问：七周岁的未成年人可以使用共享单车吗？

共享单车的实质是多人共享对单车的使用权，就法律关系而言，是骑车人通过扫码支付的方式支付固定期限内的使用费、单车公司开放使用权限给骑车人的租车合同。首先,七周岁的未成年人既不清楚在使用前需要判断车辆性状的重要性,也不清楚在车辆使用过程中的注意事项,更不清楚在使用过程中所可能发生的风险;其次,根据《民法典》的规定,七周岁的未成年人所实施的行为一律不产生法律效力,需要由其法定代理人代理。因此,共享单车公司应当采取技术措施防止七周岁的未成年人在没有监护人的情况下扫码骑车。

第八问:十七周岁的未成年人在自食其力情况下的租车行为有效吗?

有效。十六周岁以上的未成年人,以自己劳动收入为主要生活来源,可以被视为具有完全民事行为能力,能够独立实施成年人依法可以实施的民事法律行为,租车行为自然包含于其中。

第九问:监护人有权出租未成年人的闲置财产吗?

根据《民法典》的规定,监护人有权利也有义务对未成年子女的人身权、财产权及其他合法权益承担监督和保护的责任。也就是说,监护人有权为了维护被监护人的利益处分被监护人的财产,处分方式包括出租、出售等。就出租闲置财产的行为而言,只要出租合同中没有对出租人施加额外不合理的条件,且该出租行为能够为被监护人产生增益,便为法律所允许。

第十问:监护人在租赁过程中侵害未成年人的财产怎么办?

根据《民法典》的规定,如果监护人违背监护职责,严重侵害了未成年人的利益,法院可以根据利害关系人的申请撤销监护人的资格,禁止其继续担任监护人。因此,如果监护人以租赁为名严重损害了被监护人的财产权益,使未成年人遭受严重损失,那么监护人可能丧失监护资格。

二、案例学习

（一）借钱买宠：小学生可以借钱买小狗吗？

1. 事件经过

典典今年七周岁，刚上小学一年级。每天放学时，典典看到学校门口宠物店里的小狗就特别想买。但是爸爸妈妈不允许典典养宠物，认为会"玩物丧志"。于是典典在学校向班长正正借了200元钱买了一只宠物狗。到了约定的还钱日，典典拿不出钱来还，正正便把此事告诉了班主任老师，班主任通知了双方家长到学校进行处理。

（图：赵珊珊）

2. 事件评析

七周岁的典典是《民法典》中规定的无民事行为能力人，其独立实施的行为一律不产生法律效力。因此，本事件中典典父母可找宠物店老板要求退钱，并将典典"购置"的宠物退还店老板。与此同时，典典父母可主张借款行为无效并将典典所借款项归还给正正。

（二）无效担保：父母需要融资，可以用孩子的财产设定担保吗？

1. 事件经过

老王夫妇育有两个孩子，民民（十七周岁）和典典（十六周岁）。老王的父亲去世后，将全部遗产留给了民民和典典。某日，老王夫妇因生意周转向他人借款30万元，在借条中写明如下内容："作为监护人，我自愿让我两个孩子民民和典典担保我的借款，如有违约，由民民和典典承担所有责任。"

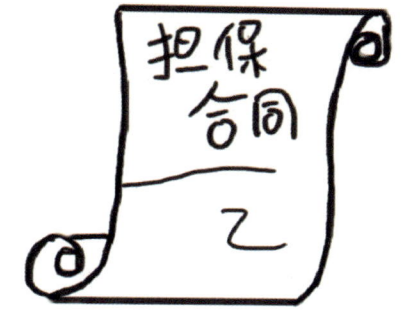

（图：赵珊珊）

2. 事件评析

根据《民法典》的规定，未成年人的民事法律行为由法定代理人代理，监护人应当按照最有利于被监护人的原则履行监护职责。民民和典典都是未成年人，老王夫妇未能维护两位被监护人的利益，反而在借条中给未成年人增设了负担，该行为违反法律规定。民民和典典可主张老王夫妇代为设置的担保无效。

（三）白条购物：未成年人可以开通白条支付吗？

1. 事件经过

典典今年十五周岁。某日，典典在某平台购物时，注意到在支付选项里有"开通白条"的渠道，且系统提示"使用白条支付可以立减10元"。典典为了省钱，开通了"白条"。不料，开通"白条"之后，典典的购物欲望一发不可收拾，不断地利用"白条"购买自己感兴趣的物品。月底，典典才发现，当月已经通过白条消费了2万余元。

2. 事件评析

"打白条"即向网络平台借款进行超前消费，十五周岁的未成年人为限制民事行为能力人，"打白条"的行为与其年龄和认知能力不相符。典典的父母可以主张借款合同无效，典典因借款所获得的利益，应当予以返还。需要注意的是，未成年人不论是在线下消费还是在线上消费，都要及时征得监护人的同意。

（四）租房自立：自食其力的未成年人，可以独立租房吗？

1. 事件经过

十七周岁的典典父母双亡，无人照料，好不容易在某市的建筑工地找到一份搬砖工作——所得收入自

（图：赵珊珊）

用。为方便上班，典典在工地附近租了一间单人房屋。

2. 事件评析

根据《民法典》的规定，十七周岁的未成年人能以自己的劳动收入为主要生活来源的，可以被视为完全民事行为能力人，其所独立实施的民事法律行为有效。典典自己在工地搬砖赚钱，靠劳动养活自己，可以被视为成年人，因此其租房行为是有效的。

（五）成长基金：未成年人的父母可以出租未成年人的财产吗？

1. 事件经过

典典五周岁生日时，爷爷送给典典一份礼物——将市中心的一套商品房登记在了典典名下。后来典典父母商议，与其将这套房子空着，还不如将房子出租，把房租存在银行作为典典的成长基金。

2. 事件评析

判断未成年人的父母是否可以出租未成

（图：赵珊珊　郭玥含）

年人的财产，关键在于该行为是否有利于被监护人的利益。如果该行为对未成年人而言是有所增益的行为，则该出租行为符合法律的规定。就本事件而言，爷爷送给典典的房屋属于典典的闲置资产，将其出租给他人可以获取租金，对典典财产有益，符合法律规定。

（六）擅自谋利：未成年人的监护人可以自由处分未成年人的财产吗？

1. 事件经过

十二周岁的典典父母双亡，典典的舅舅成为他的监护人，典典继承父母的财产共计 10 套门市。门市出租的事项一直都是由典典的舅舅进行打理。为了照顾儿子正正创业，典典舅舅将其中的 8 套门市以超低价出租给正正做生意。

2. 事件评析

监护人应当按照最有利于被监护人的原则管理与处分未成年人的财产,并且除为未成年人谋利外,不能擅自处分未成年人的财产。本事件中,典典的舅舅作为典典的监护人,为了自己的利益将典典的房屋低价出租,已经严重侵害了典典的利益。根据《民法典》的规定,其他有资格担任典典监护人的个人或组织可以申请法院撤销典典舅舅的监护人资格,为典典指定对他成长更有利的监护人。

(七)丢失单车:未成年能作为免责事由吗?

1. 事件经过

十七周岁的典典辍学在家,靠去工地搬砖养活自己。某日,典典租了一辆自行车欲进城闲游,不料自行车丢失。租车行要求典典赔偿,典典称自己没钱。租车行便找到了典典的爷爷要求赔偿。典典爷爷称,典典是未成年人,他的租赁行为是无效的,租车行

(图:赵珊珊)

没有合理审查就将自行车租给未成年人,所以所有风险应当由租车行自行承担。

2. 事件评析

十七周岁的典典虽然属于未成年人,但是其已经能够通过搬砖自食其力,因此可以被视为完全民事行为能力人。典典的租车行为有效,应当自行承担丢失自行车的赔偿责任。

(八)向子借钱:父母可以向未成年人借钱周转吗?

1. 事件经过

十周岁的典典请妈妈将历年获得的压岁钱存入银行,共计10万元。某日,典典爸爸

(图:赵珊珊)

因生意困难，急需资金周转，便给典典写了一张借条，然后将典典的压岁钱取出投入生意，期待能够回本。但遗憾的是，最终血本无归。

2. 事件评析

根据我国《民法典》的规定，监护人应当按照最有利于被监护人的原则履行监护职责，除维护被监护人的利益外，不得处分其财产。投资有风险是常识，本事件中典典爸爸在明知投资有风险的情况下向典典借款，是对典典财产利益的侵害，不符合法律规定。

三、知识自测

（一）判断题

十七周岁的典典生长在一个单亲家庭，父亲长期卧病在床，母亲早与他失去联系。典典从初中辍学之后就一直在建筑工地上打工挣钱养活自己，挣到一些钱的他打算自己租房。请判断对错：典典的租房行为必须征得监护人的同意才有效。（　）

---------- 答案及解析 ----------

答案：错误

解析：十六周岁以上以自己的劳动收入为主要生活来源的未成年人，可以被视为完全民事行为能力人，其独立实施的行为具有法律效力。因此，典典的租房行为有效。

（二）选择题

十七周岁的典典生长在一个单亲家庭，由父亲担任他的监护人。母亲病故之后，典典父亲常年在外打工，并已经另行组建家庭，很少过问典典的生活。典典只好自己赚钱养活自己。某日，典典四处寻找房源，希望能够在工地附近找到价格较为合适的房子，最终，典典找到了心仪的地方，正准备和房东签订房屋租赁

合同时,房东却因典典的年龄而犹豫。请问:典典的租房行为必须征得监护人的同意才有效吗?( )

A. 是的,必须先征得监护人的同意

B. 不是,不必征得监护人的同意

C. 视情况而定

------ 答案及解析 ------

答案:B

解析:十六周岁以上的未成年人,若能自己劳动、自己赚钱、自己养活自己,则可以被视为完全民事行为能力人。典典作为完全民事行为能力人,其租房行为是有效的。

(三)选择题

十七周岁的典典沉迷游戏不能自拔。某日,典典看上了一台游戏机,为了买这台游戏机,他多次向爸爸妈妈要钱但都被爸爸妈妈拒绝了。听说同桌最近收到了很多"压岁钱",于是典典心生一念,想向同桌借4000元钱购买游戏机。以下说法正确的有( )

A. 如果典典的监护人同意,那么典典的借钱行为就是有效的

B. 典典已经是八周岁以上的未成年人了,即使爸爸妈妈不同意,典典也可以向同桌借钱

C. 由于典典所借款项数额已经超出其年龄认知,因此如果其爸爸妈妈不同意,则其借钱行为无效

------ 答案及解析 ------

答案:AC

解析:八至十八周岁的限制民事行为能力人借钱行为的法律效力要分情

况讨论。如果十七周岁的典典借钱金额较小,该行为就是符合自己年龄和智力的,有效;如果十七周岁的典典借钱金额较大,就属于需要征得监护人同意的行为,否则无效。

四、本章相关法条

《民法典》第十六条　　　　《民法典》第三十五条

《民法典》第十七条　　　　《民法典》第三十六条

《民法典》第十八条　　　　《民法典》第一百四十三条

《民法典》第十九条　　　　《民法典》第一百四十四条

《民法典》第二十条　　　　《民法典》第一百四十五条

《民法典》第二十三条

第十八章
未成年人接受医疗的相关权利保护

一、基础十问

第一问：未成年人接受医疗过程中会涉及哪些民事权利？

主要涉及与人身权相关的民事权利，例如生命权、身体权、健康权等。就生命权而言，需要关注的是在医疗手术过程中可能发生的因重大过失或故意所致的医疗事故；就身体权而言，需要关注的是在医疗康复过程中可能发生的对身体部位的侵害；就健康权而言，需要关注的是医疗过程中对身心健康产生不利影响的情形。

第二问：未成年人可以就胎儿期间所受伤害寻求救济吗？

可以。一方面，从财产权益上来看，根据我国《民法典》的规定，胎儿在遗产继承与接受赠与等情形下，可以被视为具有民事权利能力的主体，可就相关权利的被侵害主张权利。另一方面，从人身权益上来看，未成年人还可以就自己在胎儿时期所受到的身体权、健康权的损害请求救济，要求侵害人承担侵权责任。

第三问：未成年人接受医疗过程中的知情权如何保障？

根据我国《民法典》的规定，医生在为未成年人看病时，应向其告知病情及相应治疗方法。如果需要进行手术或者采取其他治疗方法，则医生应详细说明手术风险及替代方案；如果不方便向未成年人直接告知，则应向其监护人进行说明。

第四问：未成年人接受医疗过程中的同意权如何保障？

虽然根据《民法典》无法直接定位关于未成年人同意权的内容，但是此处可以参考《个人信息保护法》作出回答。根据我国《个人信息保护法》的规定，不满十四周岁的未成年人无法独立对信息的采集、处理作出决策。同理，不满十四周岁的未成年人应当通过其监护人作出医疗决策，其中包括对医疗方案的同意。

第五问：未成年人接受医疗过程中是否有选择权？

未成年人的选择权与其民事行为能力紧密相连，因此，此处可以结合未成年人民事行为能力的分类来进行回答：对不满八周岁的未成年人而言，应由其法定代理人代理，就相关医疗方案作出选择；对八周岁以上的未成年人而言，应由其法定代理人在征求本人意见的基础之上进行综合考量，作出选择；对十六周岁以上且通过自己的劳动收入为主要生活来源的未成年人而言，可以自行对医疗方案作出选择。

第六问：未成年人接受医疗过程中的费用应由谁承担？

未成年人的医疗费用通常由监护人承担。即便父母离婚，父母双方依然负有抚养未成年人的义务。需要特别注意的是，即便离婚协议中约定了抚养费的标准和金额，未成年人依然可以根据实际情况，向未享有抚养权的一方主张必要的费用；未享有抚养权的一方不得以已支付抚养费为由拒绝其请求。

第七问：未成年人接受医疗过程中的诊疗方案应遵循什么原则？

应遵循最有利于未成年人的原则。根据我国《民法典》的规定，监护人应当按照最有利于被监护人的原则履行监护职责。在诊疗活动中，监护人应考虑到未成年人生长发育的特征与需求，从最有利于被监护人的角度出发，在充分了解相关诊疗方案的基础之上，慎重作出选择。

第八问：未成年人接受医疗过程中产生医疗损害怎么办？

首先需根据是否有过错以及过错程度进行责任认定与分担。情形一：如果医疗机构或者其医务人员存在过错，则应由该医疗机构承担侵权责任。情形二：如果根据未成年人就诊时的医疗水平，本可以采取有效的医疗措施而未采取，则医疗机构应当就未成年人所受的损害承担侵权责任。但是需要注意的是，如果未成年人的医疗损害是其本人或近亲属不配合医疗机构进行诊疗所致，或者是医务人员在紧急情况下已经尽到合理的注意义务所致，或者是限于就诊时的医疗技术水平确实无法避免所致，则医疗机构不应就该损害承担侵权责任。

第九问：未成年人接受医疗过程中的病历如何处理？

对于未成年人接受医疗过程中的病历，应当妥善保存并严格保密，因为病历中记载了未成年人的医疗信息。根据《民法典》的规定，发生医疗损害之后，若医疗机构拒绝提供相关病历资料或故意隐匿相关资料，甚至遗失、伪造、篡改、违法销毁相关病历资料，则医疗机构应承担侵权责任。需要注意的是，在大数据时代，患者可以及时从医疗机构的网上平台下载、打印、保存自己的病历资料。此外，还应关注患者病历以外的医疗资料，如医生的诊断过程、手术过程等资料。

第十问：未成年人接受医疗过程中实施侵权行为的责任由谁承担？

根据我国《民法典》的规定，限制民事行为能力人或无民事行为能力人造成他人损害的，由监护人承担侵权责任。如果接受医疗的未成年人对他人（包括医务人员）实施了侵权行为，虽然其还未成年，只要对他人造成了损害，就应对自己的过错承担责任。如果未成年人名下有财产，则可先用其财产进行赔偿，不足部分再由监护人用自己的财产进行赔偿。

二、案例学习

（一）胎儿受伤：未成年人在胎儿时期所受损害，责任由谁承担？

1. 事件经过

典典妈妈在怀孕期间被检查出营养不良，某医院的产检医生告诉典典妈妈需要通过服用药物来保障典典的正常生长。典典妈妈向医生再三求证该药物不会对胎儿产生影响之后，遵医嘱按时服药。不料，典典出生后被诊断为患有某种疾病，经查证后确定病因源于典典妈妈孕期所服用的药物。典典妈妈十分气愤，将该医院及产检医生诉至法院。

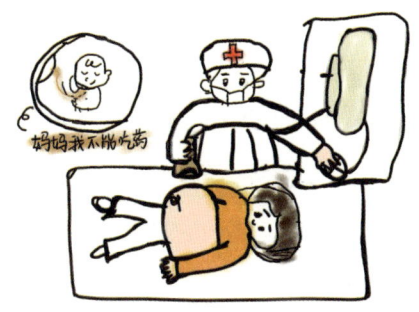

（图：赵珊珊）

2. 事件评析

本事件中涉及胎儿合法权益的保护。从前文"基础十问"部分可知，涉及遗产继承和接受赠与的，胎儿可被视为已出生并具有民事权利能力。本事件中虽然不涉及遗产继承和接受赠与，但是，只要典典在出生之后能够确认自身损害是母亲孕期被医生要求服用的药物所致，就能够以自己的名义寻求救济。

（二）独自就医：未成年人可以自行选择诊疗方案吗？

1. 事件经过

十五周岁的典典在体育课上做引体向上的动作时，听到肩膀"咯噔"一声，随后无法发力并感到非常疼痛。于是，体育老师将典典送至医院。医生诊断后告知典典，将由医生进行手动"复位"，并询问典典是否同意。

（图：赵珊珊）

2. 事件评析

此处的"同意"指的是同意医生提供的诊疗方案并愿意承担后果。原则上，在患者就医之后，医疗机构及其医务人员应当如实告知患者病情、诊疗方案，使患者真实了解自己的病情以及诊断情况，进而决定是否同意就诊方案。就未成年人而言，医生应当将未成年人患者的实际情况及诊断方案等内容告知就诊人本人及其监护人，并根据未成年人的年龄判断其是否具有相应的认知能力。就本事件而言，典典作为十五周岁的中学生，虽然能够对疼痛部位的重要性进行判断，但是对诊疗方案的合理性、科学性难以有较为全面的认知，因此，在此种情况下，医生应当根据病情的具体情况，在征得未成年人的法定代理人的同意后，再实施具体的诊疗行为。

（三）诊疗方案：未成年人与监护人意见相左，怎么办？

1. 事件经过

十七周岁的典典在踢球时扭伤了脚踝，到医院检查后发现是轻微骨折，医生告诉典典及其父母，治疗方案有两种：方案一是做手术，治愈效果更快，但是会留疤；方案二是打石膏，不会留疤，但治愈时间较长。典典父母担心脚伤会影响典典高考备考冲刺，因而希望通过手术进行治疗。但典典立志成为飞行员，不想做手术留下疤痕。在这种情况下，医院应当听从典典父母的意见还是遵从典典的意愿呢？

（图：赵珊珊）

2. 事件评析

医院应遵从典典的意愿。根据我国《民法典》的规定，典典的父母作为监护人在作出与典典的权益有关的决定时，应当根据典典的年龄和智力状况，尊重其真实意愿。本事件中，典典作为十七周岁的高三学生，能够充分理解两种诊疗方案的利与弊，并能够对未来进行清晰的规划。因此，典典父母应当充分尊重典典的意思表示。

（四）误诊致害：未成年人因医生误诊所致损害，由谁承担责任？

1. 事件经过

七周岁的典典因为高烧不退被送往某医院治疗，该医院的实习医生因为知识储备不到位、临床经验不充足，将典典误诊为疾病A。实际上，典典的病情为疾病B的典型表现。实习医生根据错误诊断用药，给典典的身体造成了严重的损害。

2. 事件评析

根据前文在"基础十问"中所述，医疗机构需对其医务人员的过错承担责任。就本事件而言，典典所受到的损害是医务人员的错误诊断所致，因此，应当由该医院对典典的损害承担责任。医院在承担责任之后，有权向有过错的医务人员追偿。

（图：赵珊珊　郭玥含）

（五）病历丢失：医院因管理不善丢失病历，需要承担责任吗？

1. 事件经过

2020年，典典因医疗事故致残，生活诸多不便。2021年，典典的父母在了解了相关政策之后，欲为其进行病残儿医学鉴定。不料，在去医院复印病历的时候，医院以"因搬家不慎丢失"为由，拒绝提供病历。典典的父母一气之下，将医院诉至法院。

2. 事件评析

病历包括门诊病历和住院病历，对整个

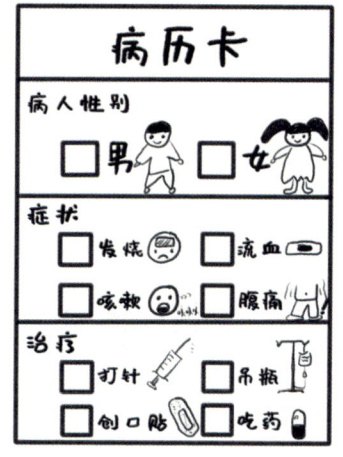

（图：赵珊珊　郭玥含）

就诊、医疗、康复的过程而言,具有书证的意义。首先,根据《医疗机构管理条例实施细则》的规定,医疗机构对于门诊病历的保存期不得少于十五年,对于住院病历的保存期不得少于三十年。其次,根据我国《民法典》的规定,医疗机构若拒绝提供病历、故意隐匿病历,则应当对患者所受医疗损害承担侵权责任。本事件中,典典的病历尚在保存期,医疗机构应当就自己无法提供病历的后果承担责任。

(六)致人过敏:未成年人在医院造成他人损害,需要承担责任吗?

1. 事件经过

九周岁的典典因为肺炎需住院两周,由于爸爸妈妈工作繁忙,治疗后期典典便经常一个人在医院里输液。在住院的日子里,典典和护士站的护士姐姐成了好朋友,经常到护士站聊天、玩耍。一天,典典将妈妈给自己准备的"糖果"(实际是消炎药片)放入护士姐姐的水杯中,护士姐姐查完房后喝水,引起过敏。

(图:赵珊珊)

2. 事件评析

根据《民法典》的规定,未成年人造成他人损害的,应由监护人承担侵权责任。也就是说,不管是不满八周岁的无民事行为能力人,还是八周岁以上的限制民事行为能力人,如果伤害他人,均需为自己的过错"埋单"。典典作为未成年人,虽然不知放入的是药品,但是在客观上已经造成了他人的损害,侵害了他人的健康权。因此,典典的监护人应当就典典给护士所造成的损害承担侵权责任。

三、知识自测

(一)排序题

请根据你的理解,为下列典典"疼痛的一天"排序(典典是十四周岁的初中生）。

(1) 踢球摔倒后崴伤脚，由体育老师送至医院

(2) 告知医生同意手术

(3) 询问医生自己的情况

(4) 打电话告知妈妈，自己的脚崴伤了

(5) 医生诊断后，请典典联系监护人

(6) 典典和妈妈商量决定手术

(7) 医生告知监护人，典典的脚部韧带拉伤，询问监护人是否同意手术

------- 答案及解析 -------

答案：(1)(3)(5)(4)(7)(6)(2)

解析：未成年人就医时，对于自己的病情和诊疗方案有知情权和同意权，在作出诊疗方案的选择时，要和监护人商议，选择最有利于自己身体健康的方案。

（二）简答题

十四周岁的典典因患病被父母带往医院治疗，在治疗过程中，典典想起父母没有如愿给他买一款游戏机，情绪变得非常暴躁、又哭又闹，父母多次劝说无果。在医生给典典打针的时候，典典用力挣脱反抗，针管不慎掉落，导致医生受伤。医生于是停止医疗，并就自己所受的伤害要求赔偿。请问典典接受医疗过程中对医务人员实施侵权行为的责任应该由谁承担？为什么？

------- 答案及解析 -------

答案：应由典典的监护人承担。

解析：根据我国《民法典》的规定，限制民事行为能力人或无民事行为能力人造成他人损害的，应由监护人承担侵权责任。典典作为限制民事行为

能力人，在医疗过程中造成了医生受伤，应该由其监护人承担侵权责任。

（三）多选题

根据前文的基础知识与案例学习，以下说法正确的有（　）

A. 十四周岁的典典在接受医疗过程中发生医疗事故，医生可以拒不承担责任

B. 十四周岁的典典在接受在医疗过程中，医疗机构拒绝提供与纠纷有关的病历，可以推定该医疗机构有过错

C. 医生应该在十四周岁的典典接受手术前，告知清楚在医疗过程中可能会发生的意外风险，并在典典及其监护人同意后才能开始手术

------- 答案及解析 -------

答案：BC

解析：第一，如果未成年人在接受医疗过程中，医疗机构及其医务人员的过错导致发生医疗事故，则医疗机构应当承担责任，对未成年人所受到的伤害作出赔偿，因此 A 选项是错误的。第二，未成年人在接受医疗过程中的病历应当得到妥善保存；如果未成年人在医疗过程中遭受损害，医疗机构隐匿或拒绝提供与纠纷有关的病历，或者遗失、伪造、篡改或违法销毁病历资料的，可以推定医疗机构有过错，因此 B 选项是正确的。第三，根据我国《民法典》的规定，医生应该向未成年人及其监护人清楚告知在医疗过程中可能会发生的风险，征得监护人的同意之后，方可实施治疗，因此 C 选项是正确的。

（四）思考题

典典在胎儿期间被医生错误诊断出先天性疾病，并被错误地用药治疗，导致典典出生后存在智力缺陷。典典十二周岁时，父母离异，由父亲担任监护人。有一次典典打篮球不慎受伤，医生建议典典进行治疗，父亲却认为只是小伤，过几

天就好了，但典典坚持要治疗。典典十五周岁时，患上肺炎，亟须治疗，父亲花光了积蓄仍然凑不齐手术费，典典因此请求母亲支付一定的医疗费用。

请问：以上案例涉及未成年人在接受医疗过程中的哪些民事权利？

----- 答案及解析 -----

第一，以上案例内容涉及胎儿的合法权益受到保护。若因医生误诊造成胎儿损害，则胎儿父母可请求医院承担侵权责任；典典出生后也可以自己的名义在诉讼时效内提起损害赔偿之诉。

第二，以上案例内容涉及未成年人的医疗选择权，在未成年人和监护人的意见相左时，应综合考虑未成年人对医疗方案的认知程度，如果未成年人的年龄、智力状况均表明其能够理解医疗方案的内容及后果，则应尊重未成年人的真实意愿，反之，应在最有利于被监护人原则下由监护人作出选择。

第三，以上案例内容涉及医疗费的主张，未成年人接受医疗费用超出抚养费金额时，可就医疗所发生的必要费用主张给付。未抚养未成年人的父母一方不得以自己已经支付抚养费为由拒绝给付。

四、本章相关法条

《民法典》第十三条　　　　　《民法典》第一千零八十四条

《民法典》第十六条　　　　　《民法典》第一千零八十五条

《民法典》第三十四条　　　　《民法典》第一千二百一十九条

《民法典》第三十五条　　　　《民法典》第一千二百二十二条

《民法典》第三十六条

第十九章
未成年人遭受性侵害的相关权利保护

一、基础十问

第一问：什么是性侵害？

性侵害中的"性"不是大家通常对"男同学""女同学"的区分，"侵害"的概念也不仅是异性之间的普通伤害行为。性侵害是指实施侵害的一方用暴力、威胁、哄骗等行为，引诱或胁迫受侵害的一方与其发生性关系。另外需要注意，只要在性方面实施了违背他人意志的伤害行为，例如性接触，也属于性侵害，并且受害者不仅是女性，也包括男性。

第二问：社会上常见的针对未成年人实施的性侵害有哪些？

从行为方式上看，被他人用肢体触碰身体或隐私部位等，都属于性侵害；从实施场所上看，在校园、公共场所、家庭等场所发生的与性有关的侵扰，都属于性侵害。

第三问：校园中常见的针对未成年人实施的性侵害有哪些？

在校园中发生的性侵害行为包括如下主体之间发生的与性有关的侵害行为：师生之间、生生之间、第三人与学生之间。就行为内容而言，不仅包括行为人抚摸、故意碰触他人的身体部位，也包括违背他人意志发生的性行为等。

第四问：以侵犯隐私权的手段实施性骚扰，需要承担责任吗？

需要。根据我国《民法典》的规定，未成年人享有隐私权，对私人空间享有不被干扰的权利，对私人物品、私人信息享有不被窥探、披露等权利。如果行为人以暴露他人私密部位的信息、照片、视频等方式，对他人实施性骚扰，不仅应就侵害他人的隐私权承担侵权责任，还应就侵害他人的个人信息承担侵权责任。

第五问：未成年人之间发生性行为的法律后果有哪些？

假设情况一，发生性行为的未成年人双方均已满十四周岁：若女性自愿，则男性不负刑事责任；若女性被迫，则男性需负刑事责任。

假设情况二，发生性行为的未成年人双方均未满十四周岁：因为我国刑法规定的性同意年龄为十四周岁，因此不论女性是否"自愿"，均构成强奸行为，但是因为男性未达到刑事责任年龄，原则上不入罪；有一种情形下男性需要负刑事责任，即该男性未成年人已满十二周岁，强行与女性发生性行为，在强行发生性行为的过程中故意致人死亡或以特别残忍手段故意致人重伤造成严重残疾，情节恶劣，经最高人民检察院核准追诉的。

假设情况三，发生性行为的男性未成年人未满十四周岁，女性未成年人已满十四周岁：若女性自愿，男性不负刑事责任；若女性被迫，有一种情形下男性需要负刑事责任，即该男性未成年人已满十二周岁，强行与女性发生性行为，在强行发生性行为的过程中故意致人死亡或以特别残忍手段故意致人重伤造成严重残疾，情节恶劣，经最高人民检察院核准追诉的。

假设情况四，若发生性行为的男性未成年人已满十四周岁，女性未成年人未满十四周岁：一般情形下，不论女性是否自愿，男性均需负刑事责任[①]，例外情

[①] 根据我国《刑法》的规定，女性对男性实施的强奸行为不构成强奸罪，但可能按照强制猥亵罪等罪名处罚。

形除外①。

表 19　未成年人之间发生性行为的法律后果

性别/年龄	女性未满十四周岁	女性已满十四周岁
男性未满十四周岁	不论女性是否自愿，均构成强奸行为，因未达刑事责任年龄，原则上不入罪，但如果致人死亡、造成严重残疾、情节恶劣的，男性负刑事责任	若女性自愿，不构成强奸行为；若女性被迫，因未达刑事责任年龄，原则上不入罪，但如果致人死亡、造成严重残疾、情节恶劣的，男性负刑事责任
男性已满十四周岁	不论女性是否自愿，均构成强奸罪，男性需要负刑事责任，例外情况除外	若女性自愿，则男性无需负刑事责任；若女性被迫，则男性需要负刑事责任

第六问：监护人对未成年人实施性侵害的法律后果有哪些？

根据我国《民法典》的规定，如果监护人对未成年人实施性侵害，则法院可基于其对未成年人的身心伤害撤销其监护人的资格，为未成年人重新指定监护人，从而保障未成年人的合法权益。同时，需要注意的是，监护人实施性侵害也构成强奸罪，应依法承担刑事责任。

第七问：未成年人遭受性侵害后，受害者本人怎样寻求法律保护？

根据我国《民法典》的规定，未成年人遭受性侵害后，可以要求自己的法定代理人向法院提起诉讼，要求侵害人承担刑事责任和民事责任。未成年人成年后，也可自行向侵害人追责，要求其进行损害赔偿。

第八问：未成年人遭受性侵害，成年后是否可以追责？

可以。根据我国《民法典》的规定，未成年人遭受性侵害的损害赔偿请求权的诉讼时效的起算点与普通损害赔偿请求权的诉讼时效的起算点不同，不是从受

---

① 关于例外情形，具体可参见《最高人民法院关于审理未成年人刑事案件具体应用法律若干问题的解释》以及 2023 年最高人民法院、最高人民检察院、公安部、司法部《关于办理性侵害未成年人刑事案件的意见》。

侵害人知道或者应当知道有损害事实之日起算，而是从受侵害人年满十八周岁即成年之后开始计算。此举是为了对未成年人提供更加充分的保障，避免未成年人因不知自己被侵害，或因处于无法反抗的境地而错过请求权的有效期间。

第九问：对未成年人实施性侵害的人应承担哪些民事责任？

违背未成年人意愿，用各种方式对未成年人实施性侵害的，受到性侵害的未成年人可以请求实施性侵害的人承担民事责任。侵权行为人需要承担的民事责任包括停止侵害、消除影响、赔偿损失、恢复名誉等责任方式。前述责任方式既可以单独适用，也可以合并适用。

第十问：未成年人遭受性侵害后，监护人应当履行的义务有哪些？

未成年人遭受性侵害后，监护人应当积极履行监护人的职责，保护未成年人的合法权益。从法律上来说，监护人应当在查明事实、保存证据的基础之上，向实施侵权行为的人主张救济，令其依法承担民事责任、刑事责任。

二、案例学习

（一）同桌骚扰：面对同桌的性骚扰，怎么办？

1. 事件经过

十二周岁的典典（女）正在读小学六年级，其同桌时常要求典典课后和他一起看男性裸体照片和视频。典典十分反感，回家告诉妈妈后，典典妈妈立即找到班主任，陈明情况后要求调换座位，使典典远离该同桌；并找到典典同桌的父母，控诉其子已经对典典造成性骚扰，要求对方承担法律责任。对方却辩称自己的孩子并没有对典典做出实质性的动作，也从未有过身体的实质接触，因此不构成性骚扰。

2. 事件评析

需要注意的是，构成性骚扰并非一定需要身体接触。根据我国《民法典》的规定，通过言语、文字、图像、肢体行为等方式对他人实施与性有关的暗示或举动，都可能构成性骚扰。本事件中，典典的做法值得肯定。未成年人察觉不适时，应及时向自己的监护人反映，并由监护人向侵权行为人主张权益。典典妈妈的做法也值得肯定，监护人在接到被监护人的求助之后，应立即采取措施迫使对方停止侵害，并主张权利。

（二）亲人骚扰：面对来自监护人的性侵害，怎么办？

1. 事件经过

典典（女）今年十六周岁。其父母离婚之后，母亲需要外出打工，典典只好与父亲共同居住生活。不料，典典父亲利用典典不知反抗、不敢反抗的心理，多次对典典实施性侵害，对典典造成了严重的身心损害。居委会发现此事后，及时告知了公安机关。法院在查明事实后，为了保护典典的合法权益，立即撤销了典典父亲的监护人资格，并为典典另行指定了监护人①。

2. 事件评析

在该事件中，侵权行为人是未成年人的亲生父亲。作为法定监护人，其不仅没有尽到监护的职责，反而对被监护人实施了严重的侵害行为。根据《民法典》的规定，监护人对被监护人实施严重侵害身心健康的行为后，将丧失监护资格，并且，由于是故意犯罪，所以即便有悔改表现，也不得寻求监护资格的恢复。需要注意的是，未成年人如果遭受来自监护人的性侵害，一定要勇敢向亲友、居委会、村委会、学校等个人或组织求助，维护自身权益。同时，不必担心无人监护，法院会根据最有利于未成年人的原则指定监护人。

---

① 改编自真实案件，详情请参见蔡甸区人民法院民一庭：《撤销监护权、立即生效！蔡甸法院对两起生父侵害女儿被撤销监护权案件予以判决！》，武汉市蔡甸区人民法院微信公众号，https://mp.weixin.qq.com/s/rmo8dRkJpwY-1yNPkkecWw?，访问日期：2023-9-28。

（三）校园恋爱：未成年人相恋后发生性关系，需要承担法律责任吗？

1. 事件经过

十五周岁的正正（男）与十三周岁的典典（女）自幼交好，共同长大，互生情愫。两人不仅早恋还多次偷尝禁果。某日，典典发现自己怀孕，便告知了父母。典典父母找到正正，要求其承担法律责任。正正声称："我们是自由恋爱，也是在你情我愿的前提下发生性关系的。而且我是未成年人，就算你们去告我，我也无须承担法律责任。"

2. 事件评析

根据前文在"基础十问"部分所述，首先，如果女性未成年人未满十四周岁，男性未成年人已满十四周岁，并且该男性未成年人在明知对方未满十四周岁的情况下多次发生性行为，则不论该女性未成年人是否"同意"，该男性未成年人均需承担刑事责任。其次，本事件中正正已满十四周岁，典典未满十四周岁，男女双方彼此知道对方年龄，多次发生性行为，因此不论典典是否"自愿"与正正发生性行为，正正均构成强奸罪，需要承担刑事责任。

（四）偷窥异性：遇到他人偷看自己洗澡，怎么办？

1. 事件经过

在知名动画片《哆啦A梦》中，十周岁的大雄（男）喜欢十周岁的静香（女）。在该动画片中，据网友不完全统计，大雄共闯入、偷看静香洗澡600多次。针对此情节，不少网友发起了网络请愿，要求动画制作方在制作新动画时，不要再加入偷看他人洗澡的情节；重播时，删除偷看他人洗澡的桥段；如果因为剧情需要不得不播放，则一定要在画面添加注释，告诉观众这是犯罪行为；除了偷看他人洗澡之外，动画片中关于掀女性裙子、偷看女性内衣裤的情节上，也应当一并标注为犯罪行为。①

2. 事件评析

根据《民法典》的规定，性骚扰不一定需要身体上的接触。通过言语、文字等形式对他人进行性暗示、发送与性有关的内容、偷看他人的隐私部位，都构成性骚扰。《哆啦 A 梦》中的大雄在静香洗澡时，多次闯入、偷看，已经侵犯了静香的隐私，构成了性骚扰。未成年人在做自己认为较为私密的事情时，一定要提高警惕，保护好自己。如遇他人的不当言行或危险，要像静香泼大雄洗澡水一样，在自己的能力范围内进行反抗，并及时向监护人求助。

（五）延迟追责：未成年时被性侵害不敢反抗，成年后可以追究他人责任吗？

1. 事件经过

十周岁的典典独自一人在家时，被邻居强奸。邻居声称拍了私密照片，如果典典敢告诉别人，就立即将照片公之于众。典典十分害怕，便一直隐忍。十九周岁时，典典考上了大学，在学习法律基础知识之后，典典决定直面内心的恐惧，将坏人绳之以法，于是将邻居告上法庭。法庭上，邻居却以时间久远，已经过了法律规定的诉讼时效为由进行抗辩。

（图：赵珊珊）

2. 事件评析

正如前文在"基础十问"部分所述，未成年人遭受性侵害的损害赔偿请求权的时效期间有特别规定，从受侵害人年满十八周岁之日起算，不受普通诉讼时效

---

① 改编自新闻报道，详情请参见《大雄偷看静香洗澡 600 多次，教坏你了吗？》，搜狐网，https://www.sohu.com/a/437824247_102160，访问日期：2023-9-27。

期间的约束。未成年人在十八周岁以前受到性侵害，如果出于多种原因没有将侵权行为人绳之以法，待自己十八周岁成年后也可以请求对方承担法律责任。因此，本事件中邻居的抗辩不成立，典典有权利追究其法律责任。

（六）地铁被扰：未成年人在地铁上遭遇性骚扰，怎么办？

1. 事件经过

典典今年十三周岁，因家离学校较远，所以，其每天清晨都独自搭乘地铁。出于对女儿安全的担忧，典典父母每天都会叮嘱典典："如果遇到自己觉得不对劲儿的人或者不对劲儿的地方，不要担心上学迟到，要立刻向警察叔叔求助！"某日，典典在搭乘地铁时，感觉到有人在摸自己的私密部位，并听到有人在旁边说一些与性有关的不堪言

（图：赵珊珊）

论。典典感觉不适，于是立即选择在下一站下车，并向地铁的管理部门投诉。地铁管理部门立即调取监控，锁定了实施性骚扰行为的男性。

2. 事件评析

性骚扰不仅是指身体上的碰触，还包括言语上的骚扰。本事件中典典的做法值得肯定：未成年人在遭遇性骚扰时，应以自己的安全为先进行处理；立即向所处环境的管理者、组织者求助，或立即向警方求助。在锁定侵权行为人后，未成年人的监护人还应要求对方依法承担法律责任。

（七）校园侵害：未成年人在学校遭受师长的性侵害，怎么办？

1. 事件经过

典典今年十五周岁，就读于某高中。因为父母工作繁忙，经常出差，所以典

典在学校寄宿。某日，典典的音乐老师主动向典典提出"下周的比赛我觉得你还需要再提升一下技巧，不然拿不到第一名啊"，并约典典晚上在琴房开展指导。典典如约到琴房之后，却被音乐老师猥亵。典典担心音乐老师会继续对自己实施侵害行为，于是向父母提出了转学。父母觉得奇怪再三追问，典典说出自己受侵害的事实。典典父母立即联系学校，要求学校承担责任，并追究该音乐老师的法律责任。

（图：赵珊珊）

2. 事件评析

首先，根据我国《民法典》的规定，未成年人遭受性侵害后，可以及时报警并要求监护人向法院提起诉讼，追究侵害人的法律责任。其次，未成年人成年后，也可自己向侵害人追责，要求侵害人承担法律责任。最后，鉴于未成年人所受侵害发生在校园内，对限制民事行为能力人所受侵害而言，学校应当就自己已尽到管理职责进行举证，如果举证不能，则也应承担侵权责任。

三、知识自测

（一）单选题

十五周岁的男生正正与十三周岁的女生典典多次发生性行为，并导致典典患病。事发后典典的父母得知此事，非常生气，要求正正承担赔偿责任，并且认为正正已经构成强奸罪。然而正正认为，双方是你情我愿发生性关系的，不应该赔偿，也不构成强奸罪。以下说法正确的是（　　）

A. 正正构成强奸罪，应该承担赔偿责任

B. 正正不构成强奸罪，但应该进行合理赔偿

C. 正正不构成强奸罪，也不应该承担赔偿责任

----- 答案及解析 -----

答案：A

解析：如果发生性行为的未成年人双方已满十四周岁，且双方自愿发生性行为，则是合法的；如果女方未满十四周岁，则根据我国《刑法》的规定，不论女生是否自愿，均构成强奸罪。十五周岁的正正已达刑事责任年龄，构成强奸罪并应承担责任。

（二）多选题

以下行为属于性骚扰的是（　　）

A. 典典的同桌强迫她看与性有关的图片

B. 典典的养父在家经常碰触其隐私部位

C. 典典的邻居将隐私部位裸露给典典看

----- 答案及解析 -----

答案：ABC

解析：性骚扰不仅是实际的身体触碰，言语、文字、图像、肢体行为方式都可能构成性骚扰。

（三）判断题

十三周岁的典典在学校被某老师强奸，一直不敢告诉家长。随着年龄的增长，典典逐渐了解到相关的法律知识。在度过十八周岁生日之后，典典决定维护自己的合法权益，于是其梳理证据后，向法院提起了诉讼。该老师联系典典称，"时间太久远了，你已经过了法律规定的诉讼时效了，就算你提起诉讼，法院也不会支持你的请求，我愿意给你三万元，我们私了"。请判断对错：典典的主张已经超过了法律规定的诉讼时效。

答案及解析

答案：该说法是错误的。

解析：根据我国《民法典》的规定，未成年人如果遭受了性侵害，要求对方承担损害赔偿责任的诉讼时效期间从年满十八周岁之日起算，而不是从遭受对方性侵害之日起算。因此，该老师的说法是错误的，典典依然可以追究侵权行为人的法律责任。

（四）辨析题

请辨别以下行为中哪种属于性骚扰，并说明理由（　　）

A. 十五周岁的女生典典经常被同桌男生要求一起观看与性有关的视频，典典拒绝。同桌被拒绝后，在观看时还常对典典说，"我觉得你和视频中的女主角长得很像"。

B. 十四周岁的典典的班主任老师是男性。典典所在中学的校规中，明确规定"女学生不得化妆"。典典经常带妆上课。某次课后，班主任提醒典典"应当遵守校规，以后不要化妆"，以此提醒典典不可违反校规。

C. 十七周岁的典典在放学回家途中搭乘公交车。公交车上人流拥挤，一男子站在典典身后，用身体碰触典典的敏感部位。

答案及解析

答案：A、C属于性骚扰，B不属于。

解析：从前文"基础十问"部分可知，性骚扰根据场所，可以分为在校园实施的性骚扰、在公共场所实施的性骚扰、家庭中的性骚扰、网络上的性骚扰。方式包括言语、肢体、文字等。A选项中，典典同桌的言语已经构成性骚扰。B选项中，班主任老师的行为不属于言语骚扰，属于提醒典典要遵守校规。C选项中的男子故意触摸典典的身体敏感部位，构成性骚扰。

四、本章相关法条

《民法典》第三条

《民法典》第二十三条

《民法典》第二十八条

《民法典》第三十五条

《民法典》第三十六条

《民法典》第一百八十八条

《民法典》第一百九十一条

《民法典》第一千零一十条

《民法典》第一千零三十二条

《民法典》第一千零三十三条

第二十章
未成年人的其他权利保护

一、基础十问

第一问：未成年人是否享有著作权？

未成年人享有著作权。根据我国《民法典》和《著作权法》的规定，未成年人自出生时起到死亡时止，具备民事权利能力。民事权利能力是一种据以享有权利、承担义务的资格。著作权作为一种典型的民事权利，未成年人依法享有。

第二问：未成年人的作品被他人使用，是否可以等成年后再追责？

未成年人对自己的作品享有著作权，如果作品被他人使用，著作权即被侵害了。根据《最高人民法院关于审理著作权民事纠纷案件适用法律若干问题的解释》的规定，侵害著作权的诉讼时效为三年，自著作权人知道或者应当知道权利受到损害以及义务人之日起算。但是，需要注意的是，如果他人对自己作品的侵权行为一直在持续，则不受三年的限制，只要在该权利保护期内，法院就应当判决侵权行为人停止侵权。因此，如果未成年人的作品被他人持续使用，则可以待成年后再追责；如果未成年人的作品被他人一次性侵权使用，则无法待成年后再追责。

第三问：未成年人与成年人共同创作作品，权利如何行使？

该作品的著作权应该属于未成年人与成年人共有。根据我国《著作权法》的规定，两人或两人以上合作完成的作品，其著作权由参加合作的作者共同享有。也就是说，未成年人和成年人对作品中各自创作的部分享有著作权。

第四问：在教学中使用未成年学生的作品，是否构成侵权？

不构成。首先，需要明确的是，未成年人享有著作权。其次，根据我国《著作权法》的规定，在限定的场合中，出于教学、科研的目的使用他人的作品，属于合理使用，不构成对他人著作权的侵害。

第五问：未成年人是否可以就自己的"小发明"申请专利？

可以。申请专利和年龄大小无关，未成年人也可以申请专利。根据我国《民法典》和《未成年人保护法》的规定，未成年人的智力成果和荣誉权受到法律保护。未成年人的"小发明"属于未成年人的智力成果，只要符合法律规定的申请专利的条件，就可以申请专利。

第六问：未成年人在公共场所活动时受到损害，责任由谁承担？

根据《民法典》的规定，在商场、体育馆、车站等公共活动场所受到损害的，应当分情况讨论。情形一：如果该损害是由第三人的行为造成的，则应由实施侵权行为的人承担责任，同时，未尽到安全保障义务的场所经营者、管理者、活动组织者应承担补充责任。情形二：如果该损害是因为公共场所或公共活动本身引发的，则应由公共场所的经营者、管理者或者公共活动的组织者就己方未尽到安全保障义务之过错承担侵权责任。

第七问：未成年人在补习班、兴趣班、少年宫期间的安全应由谁来保障？

此处需要分情况讨论。情形一：对不满八周岁的未成年人而言，补习班、兴趣班、少年宫应当对未成年人就读期间的人身损害承担侵权责任，除非教育机构能够举证证明自己已经尽到了教育、管理的职责。情形二：对八周岁以上的未成年人而言，教育机构在教育、管理的过程中如果存在过错，则应当承担侵权责任。

第八问：未成年人的居家安全如何保障？

未成年人居家的时间较多，居家期间涉及防火、防盗、防入侵等各种险情。根据《民法典》的规定，未成年人的人身安全和财产安全均应由监护人负责。因此，监护人应当尽职尽责，结合未成年人生长发育的特征与年龄段的认知程度，按照最有利于未成年人的原则护其周全。

第九问：未成年人被他人饲养的动物侵害，谁来承担责任？

根据《民法典》的规定，未成年人被他人饲养的动物侵害，由饲养人承担侵权责任。如果该损害是未成年人自己的原因造成的，则由未成年人自行承担后果。如果有第三人（除了饲养人和未成年人以外的人）造成动物侵害未成年人，由有过错的第三人承担侵权责任。但是，如果是禁止饲养的烈性犬对未成年人造成了伤害，则不论受伤害人是否有过错，烈性犬的饲养人均应承担侵权责任。

第十问：未成年人的出行安全如何保障？

未成年人的出行安全应由未成年人、监护人、交通部门及其他相关部门共同保障。根据《民法典》的规定，不满八周岁的未成年人是无民事行为能力人。对于无民事行为能力人，监护人应充分考虑到该年龄段的未成年人的认知程度，全面陪同出行，确保出行安全。八周岁以上的未成年人是限制民事行为能力人，可以采取和年龄、智力相适应的出行方式与出行工具，并由监护人进行安全警示教育。

二、案例学习

（一）擅用他人作品：未成年人的参赛获奖作品可以被他人随意使用吗？

1. 事件经过

民民今年八周岁，是小学二年级的学生。民民颇有绘画天赋，父母每逢周末就会带民民到兴趣班学习画画。民民在一次全市儿童绘画大赛中，以《机器人和我》为题作画，一举夺魁。某杂志看到之后，认为该画作和自己的本期主题颇为契合，于是，将其用在了专题组图中，既未署民民的名字，更未支付稿酬。民民父母前去交涉，杂志社工作人员却认为，"一个小孩儿的画，用了就用了"。

（图：赵珊珊）

2. 事件评析

首先需要明确的是，未成年人享有著作权。民民作为《机器人和我》画作的创作者，是著作权人，享有著作权相关权益，包括署名权和请求支付报酬的权利。对未成年人及监护人而言，需要注意的是，参赛作品如果被他人未经许可使用，除非该使用满足法律规定的"合理使用"的情形，否则均可以著作权人的身份主张权利。

（二）延迟追究责任：小学阶段的作品被他人侵权，可以等到上大学之后再追责吗？

1. 事件经过

十二周岁的典典天赋异禀，经常即兴创作画作。某日，典典受到歌曲《雪花轻轻》的启发，创作了一幅画作《雪与花》。典典在美术课上展示之后，美术老师颇为欣赏。随后，该老师擅自将典典的画作《雪与花》发布在自己运营的公众号上，并署上了自己的名字。典典知道后，认为美术老师侵害了自己的权益，通过家长进行了投诉，美术老师随后从公众号删除了该画作。六年后，典典年满十八周岁，考上了大学。在学习了相关法律知识之后，典典决定对自己当年的画作《雪与花》被侵权一事进行维权。

2. 事件评析

典典虽然是未成年人，但这不影响其对自己的画作享有著作权。典典的美术老师以自己的名义擅自将他人的作品发表在网上的行为，已经侵害了典典的著作权。但是，正如前文在"基础十问"部分所述，著作权的损害赔偿请求权的诉讼时效是三年；若侵权行为一直持续，则不受三年的限制。就本事件而言，典典的美术老师的侵权行为是一时性的，非持续性的。典典在成年之后针对此事所主张的请求权已经超过了法律规定的诉讼时效，无法得到法院的支持。因此，未成年人在意识到自己的创作受到他人侵害时，要及时求助监护人或学校，尽快、尽早地通过法律方式维护自己的合法权益。

（三）合作作品侵权：未成年人与他人合作的作品被使用，可以主张权利吗？

1. 事件经过

十五周岁的高中生典典不仅喜欢诗歌，而且对创作校园诗歌颇感兴趣，于是和自己的诗友（23岁）共同创作了一首校园诗歌。该诗友将这首诗发表在公众号上并接受打赏。典典父母发现后找到该诗友说理，诗友却称："首先，这首诗歌的第一部分和第二部分是我写的，我对这两个部分本来就享有著作权；其次，典典现在是未成年人，还没有办法享有权利，因此这首诗的著作权归我，相应的打赏自然也都是我的。"

2. 事件评析

根据我国《著作权法》的规定，两人或两人以上合作完成的作品，其著作权由合作的作者共同享有。典典及其诗友合作创作了校园诗，因此这首诗应当属于二人共同所有。典典虽是未成年人，但也应享有著作权。此处需要注意的是，对于合作作品使用所获的收益应当合理分配给全体合作作者，即便合作作者对自己所创作部分可以单独享有著作权，在行使该部分的著作权时也不得侵害该作品的整体著作权。

（四）合理使用免责：老师可以为了教学而使用未成年人的作品吗？

1. 事件经过

典典今年十一周岁，十分擅长绘制手抄报。中秋节时，典典绘制了一幅《月兔》的手抄报，老师认为很棒，于是在其他班的课堂教学时，将此手抄报放进了自己的课件中进行展示，让其他班的同学进行学习与鉴赏。典典父母认为，老师此举构成了对典典著作权的侵害，应当对典典支付报酬后，才能将典典的画作用于教学。

（图：赵珊珊）

2. 事件评析

在著作权的使用中，原则上均应取得他人的同意，但是，为了促进学习与交流，法律规定了合理使用制度，允许他人在特定情形下，未经他人同意使用其作品，其中就包括本事件中的场景，即出于教学科研的目的在特定的环境中使用。因此，本事件中老师对典典手抄报的使用属于合理使用，不构成对典典著作权的侵害。

（五）学生申请专利：中学生可以就自己发明的"无人机"申请专利吗？

1. 事件经过

十五周岁的典典是学校的"小发明家"，她酷爱与人工智能相关的发明。在妈妈和老师的启发下，典典设计了一款新型无人机。这款无人机受到了许多展示平台的邀请，典典也可以通过展示获得一些收入。典典妈妈想为这款无人机申请专利，但不知道典典作

（图：赵珊珊）

为未成年人能否申请专利。

2. 事件评析

我国法律未对专利申请人的年龄进行限制，在审查专利申请时，依据的是新颖性、创造性、实用性标准。因此，典典虽然是未成年人，但只要她所发明的无人机满足专利申请的条件，就能够申请专利。此处需要注意的是，未成年人在发明创作的过程中，以及成果完成之后，要注意保护好自己的成果，并及时运用法律武器维护自己的合法权益。

（六）烈性犬伤人：烈性犬伤害两周岁女童，责任由谁承担？

1. 事件经过

典典今年两周岁，喜欢在清晨与母亲下楼散步，呼吸新鲜空气。某日，典典照常与母亲下楼散步，却在小区内遇到一只黑色的烈性犬。该犬只没有系绳，身旁也没有饲养人。这只烈性犬突然对典典发起了猛烈攻击，典典的母亲尝试保护女儿，但因烈性犬攻击力强而保护无果。小区众人协力将烈性

（图：赵珊珊）

犬赶走后，立即将典典及其母亲送往医院救治。经诊断，典典全身多处被咬伤，右肾严重受损。①

2. 事件评析

根据《民法典》的规定，饲养动物致人损害，由动物饲养人承担侵权责任。如果受损害人存在故意（如故意逗弄动物），则饲养人可以减轻责任或不承担责任。但是，如果该动物属于烈性犬，则饲养人不得免责或减轻责任。本事件中，伤人犬

---

① 改编自新闻报道，澎湃新闻：《四川一小区恶犬撕咬女童致肾伤骨折，曾有恶犬致人重伤主人被判刑》，https://baijiahao.baidu.com/s?id=1779908095171968440&wfr=spider&for=pc，访问日期：2023-10-27。

只属于烈性犬，因此，对于典典及其母亲所受损害，应由该犬只饲养人承担侵权责任；如果符合刑事责任的构成要件，则饲养人还应就烈性犬伤人承担刑事责任。

（七）不慎滑倒致损：未成年人在商场不慎滑倒，责任应由谁来承担？

1. 事件经过

典典是十四周岁的初中生，周末时和同学相约在某商场喝奶茶。其间，典典到商场的卫生间洗手时不慎滑倒摔伤了手臂。后来经查证才知，地滑是因为清洁工人在作业时不慎打翻拖地桶，导致含有清洁液的水铺满了地砖。清洁工人去拿拖布前，忘记摆放"小心地滑"的示意牌。

（图：赵珊珊）

2. 事件评析

根据《民法典》的规定，公共场所的经营者、管理者应当负有安全保障义务。如果有人因场所的安全措施不到位，产生了损害，则公共场所的经营者、管理者应当为自己没有尽到安全保障义务的过错承担责任。就本事件而言，典典在卫生间门前所受损害是商场清洁工人的过错所致，因此，商场的经营者、管理者在承担了侵权责任之后，可以向清洁工人追偿。

（八）练舞意外事故：未成年人在练习舞蹈的过程中受伤，培训机构需要承担责任吗？

1. 事件经过

民民今年十周岁，酷爱跳舞。某日，民民的父母在小区里看到张贴的广告："某舞蹈培训班即将开班！名校毕业的资深教师授课，价格经济，上课

（图：赵珊珊）

方便，场所就设在小区里，欢迎报名！"民民父母在征询民民的意见后，为其报名参训。不料，一次培训时，民民在下腰的过程中发生滑倒，导致其手臂骨折。民民的父母找到培训班负责人，要求其承担赔偿责任。

2. 事件评析

根据《民法典》的规定，限制民事行为能力人在学校、补习班、特长班等教育机构就读期间，若因教育机构未做好安全保障工作而使未成年人受到损害，则教育机构需要承担侵权责任。就本事件而言：如果因为舞蹈培训班没有安排专业的舞蹈老师在民民下腰时进行保护，或者因为没有采取相应的安全措施来保障民民的下腰训练，则培训机构需要承担侵权责任，对民民的诊疗及康复等费用进行赔偿；如果舞蹈培训班的安全保障已经非常完善，并且有专业舞蹈老师进行全程指导和保护，是其他原因导致民民受伤（如被其他学员推倒等行为），则培训机构无须赔偿，应当由实施侵权行为的人承担赔偿责任。

（九）父母懈怠监护：父母繁忙，可以让未成年人彼此监护吗？

1. 事件经过

民民今年十二周岁，妹妹典典今年七周岁。除夕晚上，民民的父母忙着大扫除，于是让民民照看在浴室洗澡的典典。但是，家中门窗紧闭，且开着暖气，导致民民和典典一氧化碳中毒。民民的父母发现后，立即拨打120求助。万幸的是，民民和典典在获救后逐渐康复。

2. 事件评析

根据《民法典》的规定，监护人应当对被监护人的人身安全和财产安全负责。其中包括妥善照顾被监护人，使其不处于危险境地。本事件中，监护人没有尽到监护职责，没有根据未成年人的年龄特征作出正确判断，导致了意外的发生。法律之所以将不满八周岁的未成年人描述为"无民事行为能力人"，是因为综合考虑该年龄段的特征之后，立法者认为不满八周岁的未成年人不具备正确认识周遭环境、他人行为、行为内容、行为后果的能力；法律之所以将八周岁以上的未成年人描述为"限制民事行为能力人",是因为立法者认为该年龄段的未成年人通过义务教育,虽然具有一定的认识能力和分辨能力,但鉴于生活阅历、相关常识受限,无法针对周遭环境、他人行为等事项形成完全理性的分析和预判,也缺乏相应的应急处理能力。因此,本事件提醒监护人,应时刻尽职尽责地履行监护职责。

三、知识自测

(一)思考题

典典今年八周岁,出生于国画世家。典典从小爱画画,在爷爷和爸爸的熏陶下,对国画十分有兴趣,并且常在家自己作画。某日,典典在美术课上创作了一幅名为《荷塘》的画作,得到了同学们的盛赞。美术老师也很自豪,于是将典典的画作《荷塘》发布在网络上,并因为流量较大获取了一定的利润。典典父母认为美术老师此举不妥,要求其撤下典典的画作。典典的美术老师不愿意,认为:"典典才念小学二年级,我承认她有一定的画画基础,但是,如果没有我的指导,她怎么可能画出这幅画呢?既然我有贡献,为何不可将其发表呢?"请问典典的美术老师所言正确吗?典典是否对画作《荷塘》享有著作权?

------ 答案及解析 ------

答案:典典的老师所言不正确,典典享有著作权。

解析:未成年人可以成为著作权人,依法享有著作权。

(二)简答题

七周岁的典典非常聪明,发明了一个可以在户外深层净化水源的装置。这项发明具有独特性、新颖性、创造性,符合我国专利的申请条件,因此典典想要申请专利。但是典典的同学认为,典典是不满八周岁的无民事行为能力人,不可以申请专利。请评价典典的同学的观点,并说明理由。

答案及解析

典典的同学的观点是错误的。根据我国《民法典》和《著作权法》的规定,在民事主体享有的权利类型中,包括著作权。未成年人作为自然人,享有著作权。

(三)单选题

典典从小喜欢文学创作,在小学时就开始尝试创作小说,初中时已经发表了很多作品。典典十三周岁的时候,发现自己的一部小说被他人剽窃,侵权人以自己的名义将典典的作品刊登到某阅读网上并获取了报酬。以下说法正确的是( )

A. 典典享有著作权,窃取人的行为已经构成侵权

B. 典典只有待自己成年后才能向侵权人追责

C. 如果典典的作品被非法使用时正值十四周岁,则典典成年后就可以向侵权人追责

答案及解析

答案:A

解析:未成年人对自己的作品享有著作权,在发现自己的著作权被他人侵害时,可以向侵权行为人主张权利,不必等到成年之后再追责。因此,B选项和C选项错误。

(四)判断题

十七周岁的典典在美术课堂上发现老师正在使用自己创作的绘画作品进行教学,但是老师并没有标注该作品的名称及作者姓名,并且事先未获得自己的许可。典典认为自己的著作权遭受了侵犯,向老师提出抗议。老师认为:自己是老师,出于教学目的使用自己学生的作品合理合法,不构成侵犯他人的著作权。

请根据题目所述判断正误：如果美术老师在展示该作品时标注了作品名称和作者姓名，则即使未经作者许可，也不构成侵权。（　　）

------ 答案及解析 ------

答案：正确

解析：根据我国《著作权法》的规定，出于教学目的使用他人的作品，只要标明作品的出处，则可以不经著作权人许可而使用。也就是说，老师在教学中使用未成年人的作品，如果标明了作者姓名，就属于法律规定的合理使用，不构成侵权。

（五）单选题

十七周岁的典典在成都读高中，每逢周末，都会乘坐动车回到绵阳的家中。某日，典典在某动车站候车时，与一名男子发生口角，该男子情绪激动，将典典用力推搡到站台边缘，由于站台离地约1.5米高且车站未安排专人进行安全巡视与安全提醒，典典不慎摔下站台，导致骨折。以下说法正确的是（　　）

A. 由于是该男子将典典推下去的，所以该男子应该负全责
B. 车站没有采取充分的安全保障措施导致典典摔下去，因此车站应该负全责
C. 该男子应该负主要责任，车站应该负补充责任

------ 答案及解析 ------

答案：C

解析：未成年人在商场、体育馆、车站等公共活动场所受到他人故意损害的，应当由具体实施侵权行为的人承担侵权责任。与此同时，对公共场所的管理者、经营者而言，如果未尽到安全保障义务，也应承担责任。就本事件而言，典典之所以受到身体伤害，是因为该男子的推搡行为，因此，该男子作为侵权行为人应当承担侵权责任。此外，对该动车站而言，明知乘客在

站台候车可能会出现掉下站台的风险却没有采取防护措施，且未安排专业人员进行安全巡视与安全提醒，因此，应当就典典的损害承担次要的补充责任。

（六）简答题

十二周岁的典典喜欢观看小动物。暑假时，典典父母为了满足典典去动物园的心愿，带典典前往某知名野生动物园。动物园在"入园须知"中明确要求游客不得投喂、触碰动物，若因此产生损害，责任自负。典典与父母入园后，被可爱的动物吸引。在"猴山"景点观看时，一名游客违反动物园的规定将自己手中的面包投喂猴子，导致大批猴子前来争夺。此时，另一名游客突然将手中的苹果扔向猴群，砸中一只猴子的头部，致使猴子发怒，突然冲上来隔着围栏抓伤了围观的典典。请问：典典的损害应当由谁来赔偿？并说明理由。

答案及解析

首先，动物园在"入园须知"中明确要求游客不得投喂动物，并且在"猴山"景点安装了防护栏，可以视为已经尽到了管理的职责。根据我国《民法典》中对于动物园的动物致人损害的责任认定规则，如果动物园能够证明尽到了管理职责，则无须承担侵权责任。其次，典典所受伤害是他人的故意逗弄行为所致，因此，逗弄人应当承担侵权责任。

四、本章相关法条

《民法典》第三条
《民法典》第一百八十八条
《民法典》第一千一百九十八条
《民法典》第一千一百九十九条
《民法典》第一千二百条
《民法典》第一千二百零一条
《民法典》第一千二百四十五条
《民法典》第一千二百四十六条
《民法典》第一千二百四十七条
《民法典》第一千二百五十条
《民法典》第一千二百五十一条